AF536192

natürlich oekom
nachhaltig seit 1989

Bibliografische Information der Deutschen Nationalbibliothek:
Die Deutsche Nationalbibliothek verzeichnet diese Publikation in der Deutschen Nationalbibliografie; detaillierte bibliografische Daten sind im Internet über www.dnb.de abrufbar.

Übersetzung von Gernot Wagner: Geoengineering. The Gamble. (1. Auflage)

This edition is published by arrangement with Polity Press Ltd., Cambridge.

Deutsche Erstausgabe

oekom – Gesellschaft für ökologische Kommunikation mbH
Waltherstraße 29, 80337 München

Lektorat: Boris Heczko
Korrektorat: Silvia Stammen
Typografie & Satz: Tobias Wantzen
Druck: CPI books GmbH, Leck
Umschlaggestaltung: HildenDesign, Stefan Hilden
Covermotiv: HildenDesign unter Verwendung eines Fotos von Shutterstock.com/maymyuo
ISBN 978-3-96238-416-6

GERNOT WAGNER

Und wenn wir einfach die Sonne verdunkeln?

Das riskante Spiel, mit Geoengineering die Klimakrise aufhalten zu wollen

Aus dem Englischen
von Marlene Fleißig

oekom

Inhalt

Teil III
Steuerung *129*

Einleitung

Los geht's – aber nicht mit Geoengineering

Als ich zum ersten Mal von solarem Geoengineering hörte, hielt ich es für vollkommenen Wahnsinn – und genau das ist es auch. Auch zwanzig Jahre später, nachdem ich mich beim Environmental Defense Fund mit diesem Thema beschäftigt habe, das Solar Geoengineering Research Programm an der Harvard University mitaufgebaut und selbst einiges dazu geforscht und geschrieben habe, halte ich das noch immer für eine gesunde Einschätzung. Geoengineering ist ein Glücksspiel – und zwar eines, das den gesamten Planeten betrifft. Doch natürlich weiß jeder, der sich mit den rasanten Veränderungen des Klimas befasst, dass wir bei unserem jetzigen Umgang mit der Erde sehr viel höher pokern. Eins ist klar: Geoengineering – vor allem das solare Geoengineering, bei dem man den Planeten abzukühlen versucht, indem man einen kleinen Bruchteil des Sonnenlichts zurück ins Weltall schickt, oder den Anteil der Sonnenreflexion ins All erhöhen möchte – ist keine Lösung für den Klimawandel. Denn diese Methode setzt weder bei den Ursachen für den zu hohen Kohlenstoffdioxid-Ausstoß (oder CO_2-Ausstoß) in die Atmosphäre an, noch beim kontinuierlichen Anstieg von CO_2-Emissionen. Geoengineering ist ein Technofix, ein Versuch, das Problem mit Technologie anzugehen – und dabei höchst unvollkommen. Doch im Grunde ist auch ein Kanalisationssystem, ohne das keine Stadt existieren könnte, nichts anderes. Im modernen Leben begegnen uns derlei Ansätze überall, und es ist oftmals ein schmaler Grat zwischen der Verdammung einer technologischen Lösung, die lediglich den Status quo zementiert, und umjubelten Erfindungen, die Fortschritt bedeuten. Dieses ewige Austarieren, eine allgegenwärtige interne Debatte, prägt so manche Diskussion über das Geoengineering. Es gibt eben keine einfachen Antworten, keinen leichten Weg. Schon die bloße Auseinandersetzung mit dem Thema erfordert einige Ermessensentscheidungen.

Eine lange Geschichte gesunder Skepsis

Jeder, der im Bereich des solaren Geoengineerings tätig ist, hatte seinen ganz eigenen Zugang zu diesem Thema. Die meisten setzten sich eher zögerlich damit auseinander, manche, nachdem sie sich bereits ihr gesamtes Arbeitsleben mit der Reduktion von CO_2-Emissionen beschäftigt hatten.

Der Geochemiker Wally Broecker hat die Klimatologie nachhaltig beeinflusst. 1975 bezeichnete er in einem Aufsatz ein Phänomen als »Globale Erwärmung« (*global warming*), das zuvor unter dem etwas sperrigen Namen »unbeabsichtigte Klimaänderung« (*inadvertent climate modification*)[1] bekannt gewesen war. Vom Krankenhausbett richtete Broecker eine Videobotschaft an das *Planetary Management Symposium* der Arizona State University, in der er sagte: »Wenn wir verhindern wollen, dass sich der Planet weiter um ein paar Grad erwärmt, werden wir auf Geoengineering zurückgreifen müssen.« In dieser letzten Ansprache an seine Kolleginnen und Kollegen aus der Wissenschaft vor seinem Tod kam er nicht ohne Grund zu diesem Schluss. Tatsächlich betrachtete Broecker einen möglichen Eingriff in das Klima durch solares Geoengineering mit großer Skepsis. Ich kann mich noch an seine bohrenden Fragen erinnern, als David Keith 2013 im Klimapolitik-Seminar an der Columbia University einen Vortrag über die Bedeutung der Forschung zum solaren Geoengineering hielt. Broeckers Hauptbefürchtung (so wie wohl auch die der meisten anderen) war, dass eine bloße Diskussion über Geoengineering – wobei es auch hier wieder vor allem um die Solar-Variante ging – von der Notwendigkeit einer CO_2-Reduktion ablenken würde; eine Gefahr, die oftmals als *Moral Hazard,* moralisches Risiko, bezeichnet wird.

Diese Bedenken waren es, die in der Wissenschaftsgemeinde zu einem langjährigen, selbst auferlegten, stillschweigenden Beinahe-Moratorium hinsichtlich der Erforschung des solaren Geoengineerings führten. Broecker war ein führendes Mitglied der hochrangigen Gruppe, die 1965 im Rahmen des Berichts »Wiederherstellung unserer Umweltqualität«[2] von Präsident Lyndon B. Johnsons wissenschaftlichem Beratungsausschuss einen Abschnitt zum Thema CO_2 verfasste. In diesem Dokument stand nichts von einer Reduktion des Kohlenstoffdioxidausstoßes als mögliche Reaktion auf den Klimawandel. Offensichtlich hielt man das in dieser Zeit für unvorstellbar. Stattdessen erwog man, die Meeresoberflächen aufzuhellen, um so mehr Sonnenlicht ins All zu reflektieren und den Planeten abzukühlen. Rückblickend war diese ausschließliche Ausrichtung auf das solare Geoengineering im Bericht von 1965 eindeutig ein Fehler – der in den kommenden Jahrzehnten von der Wissenschaftsgemeinde immer wieder überkorrigiert wurde. 1974 schlug der russische Forscher Michail Budyko erstmals das vor, was später als bekannteste solare Geoengineering-Methode gehandelt werden sollte: Stratosphärische Aerosole, also das Einbringen winziger, reflektierender Partikel in eine obere Schicht der Erdatmosphäre.[3] 1977 wurden Budykos Ausführungen ins Englische übersetzt, sein Vorschlag wurde als *Budykos Blanket*, Budykos Decke, bekannt. Doch bald schon fand seine Idee kaum mehr Erwähnung und verschwand gänzlich aus der öffentlichen Klimadiskussion.

1992 griff ein Bericht der National Academy[4] seinen Vorschlag auf, doch erst in den 2000er-Jahren wurde diese Technologie wieder stärker diskutiert. Anfang der 2000er-Jahre hatte ich am Rande vom solaren Geoengineering gehört, doch wirklich aufmerksam wurde ich darauf durch einen mittlerweile berühmten Aufsatz des inzwischen verstorbenen Nobelpreisträgers Paul Crutzen, in dem er das Einbringen von Schwefelpartikeln in die Atmosphäre als Lösungsansatz für »das politische Dilemma« bezeichnete.[5]

Worum geht es dabei genau? Jährlich sterben Millionen Menschen an den Folgen von Luftverschmutzung durch Schwefeldioxid (SO_2), das aber auch dazu beiträgt, den Planeten kühl zu halten. Der europäische Ansatz zur Verbesserung der Luftqualität in den 1980er-Jahren hatte durchaus positive Effekte: Mittelalterliche Kirchen fielen nicht länger saurem Regen zum Opfer, die Wälder – und auch die Menschen – sind seither gesünder. Andererseits hat sich die Arktis als direkte Folge verringerter SO_2-Emissionen um circa ein halbes Grad erwärmt.[6] In diesem Spannungsfeld bewegen wir uns – eine moralische Zwickmühle, die auch Crutzen in seinem Aufsatz beschreibt. Dieser erschien zusammen mit einem Beitrag des mittlerweile ebenfalls verstorbenen Ralph Cicerone, auch er ein berühmter Atmosphärenwissenschaftler und damaliger Präsident der U. S. National Academy of Sciences. Cicerone sprach sich darin für Crutzens kontroversen Aufsatz und für weitere Forschung auf diesem Gebiet aus.[7] Obwohl diese beiden Texte einiges dazu beitrugen, bestehende Vorbehalte abzubauen, dominiert auch heute weiterhin Skepsis in Wissenschaft und Politik. Ich würde sogar sagen, dass es sich häufig immer noch um eine gesunde Skepsis handelt. Man sollte das solare Geoengineering nicht auf die leichte Schulter nehmen, egal ob in der Politik oder in der Forschung, wo man doch »nur« die aktuellen wissenschaftlichen Fragen beantworten möchte. Auch heute lassen sich einige der Vorbehalte noch auf die Sorge um das »moralische Risiko« zurückführen. Näheres dazu in Kapitel 7.

»Geoengineering« – ein Definitionsansatz

Hier müssen wir einen kleinen Exkurs einschieben – wird der Begriff »Geoengineering« doch sehr unterschiedlich gebraucht. Tatsächlich ist er so vage und umfassend, dass seine Bedeutung immer unklarer geworden ist, obwohl er so oft verwendet wird. Der Begriff »Geoengineering« ist eigentlich ein Artefakt, entstanden durch seinen häufigen Gebrauch im öffentlichen Diskurs. Fachleute sind normalerweise präziser, und dies aus gutem Grund. Außer auf dem Buchcover – mea culpa! – verwende ich den Begriff »Geoengineering« in diesem Buch nie ohne nähere Erläuterung, es sei denn in direkten Zitaten. Ich spreche entweder von »solarem Geoengineering« oder von »Kohlendioxidentfernung«. Obwohl sich diese beiden Konzepte stark unterscheiden, werden sie manchmal unter dem Überbegriff »Geoengineering« zusammengefasst. Für die jeweiligen Interventionstypen sind außerdem noch weitere Bezeichnungen gebräuchlich.

Solares Geoengineering wird auch als *solar radiation management* – Strahlungsmanagement – oder *solar radiation modification* – Strahlungsmodifikation – (beides praktischerweise abgekürzt als SRM) bezeichnet sowie herkömmlicherweise als *albedo modification* – etwa: »Rückstrahlvermögensmodifikation«. Gemeint ist damit ein umfassender, gezielter Eingriff zur Abkühlung des Planeten, bei dem ein kleiner Teil des Sonnenlichts ins Weltall zurückgeschickt oder die Menge der ins All entweichenden Sonnenstrahlung erhöht wird. Am Wildwuchs der Begrifflichkeiten deutet sich schon das Problem an. Wer sich beruflich mit dem Thema beschäftigt, dem sagt »SRM« sofort etwas, und auch ich habe die Abkürzung in meinen peer-reviewed, also von unabhängigen ExpertInnen begutachteten Artikeln für Fachzeitschriften verwendet. Doch hier werde ich vorrangig vom solaren Geoengineering sprechen, ganz einfach deshalb, weil »solar« den mittlerweile abgenutzten Überbegriff spezifiziert. Was nicht heißen soll, dass »SRM« weniger präzise wäre, es ist einfach nur ein anderer Begriff für dasselbe Konzept.

Schauen wir uns nun die Definition etwas genauer an. Ein wichtiger Aspekt daran ist »umfassend«. Damit ist nicht gemeint, im Sommer Weiß zu tragen, Hausdächer oder Straßen hell zu streichen, um so die Städte abzukühlen – wenngleich dies gute Beispiele für das übergeordnete Konzept sind. Schwarz absorbiert Wärme, Weiß reflektiert sie.[8] Doch selbst wenn alle Menschen einer ganzen Hemisphäre im Winter schwarze Jacken trügen und im Sommer weiße T-Shirts, könnten wird das globale Klima nicht verändern – Aerosole in der Stratosphäre hingegen können das schon. Daher ist *Budykos Blanket*, welche genau diese Idee beschreibt, die meistdiskutierte Methode – jedoch bei Weitem nicht die einzige (siehe die ausführlichere Diskussion der verschiedenen Methoden des solaren Geoengineerings in Teil I). Ich werde noch genauer auf den Einsatz stratosphärischer Aerosole als spezifische Methode des solaren Geoengineerings eingehen.

Weiter werden hier Technologien diskutiert, die oftmals unter »Geoengineering« zusammengefasst werden, obwohl es sich um eine vollkommen andere Art von Werkzeugen handelt: Kohlendioxidentfernung, Kohlenstoffentnahme, Carbon Dioxid Removal (CDR), Carbon Geoengineering oder Direct air capture. Diese Methoden entfernen direkt das CO_2 aus der Atmosphäre. Ihr großer Vorteil ist, dass sie das Problem des Klimawandels an der Wurzel angehen, nämlich beim übermäßigen CO_2-Gehalt in der Atmosphäre. Das leistet das solare Geoengineering nicht. Daher ist die Kohlendioxidentfernung ein entscheidender Aspekt der gemeinsamen globalen Antwort auf den Klimawandel – besonders in Anbetracht der jetzigen Lage. Doch auch gegen die Kohlendioxidentfernung gibt es Vorbehalte, die sich teils völlig von denen zum Geoengineering unterscheiden. Gemeinsam sind ihnen die Überlegungen zum moralischen Risiko und ihre Wechselwirkung hinsichtlich der Bemühungen um die Reduktion der CO_2-Emissionen (siehe Kapitel 7).

Eine Strategie zur Kohlendioxidentfernung ist das Bäumepflanzen, das manchmal unter »natürliche Klimalösungen« fällt.

Es ist natürlich ein Teil des generellen Lösungsansatzes – aber eben nur ein Teil. Bäumepflanzen mag harmloser klingen, als große Industrieanlagen zu errichten, die das CO_2 aus der Atmosphäre holen sollen, doch es hat auch seine Grenzen. Ein einschränkender Faktor ist die Zeit, die man benötigen würde, um die Milliarden an Bäumen zu pflanzen, mit denen sich die CO_2-Konzentration beeinflussen ließe. Andererseits wäre da die Frage nach dem langfristigen Nutzen: Wenn die Bäume verwittern, wird das CO_2 wieder in die Atmosphäre abgegeben. Fachsprachlich ausgedrückt können Bäume der Atmosphäre CO_2 entziehen, halten es jedoch in der Biosphäre, anstatt es wieder in die Geosphäre einzuspeisen. Andere Kohlendioxidentfernungs-Techniken können genau das leisten, also das CO_2 vollends aus der Biosphäre entfernen.

Und sogar das Bäumepflanzen wird mittlerweile als Verzögerungstaktik verwendet, um sich vor den notwendigen Schritten zu drücken. Die Republikaner unter Präsident Trump versuchten beispielsweise mit der Initiative »One Trillion Trees« – dem Versprechen, eine Billion Bäume zu pflanzen – von der Notwendigkeit einer CO_2-Reduktion abzulenken. Ein perfektes Beispiel für *Moral Hazard* – und Untätigkeit. Womit ich natürlich nicht sagen möchte, dass wir nicht mehr Bäume pflanzen sollten, denn das sollten wir in jedem Fall. Nur darf dies keine Ausrede sein, um die CO_2-Reduktion aufzuschieben.

Was Kohlendioxidentfernung und das solare Geoengineering leisten könnten

Zuerst einmal müssen wir wegkommen von den fossilen Brennstoffen und damit aufhören, noch mehr CO_2 in der Atmosphäre freizusetzen. Alles andere wird nicht funktionieren. Außerdem gibt es noch weitere und weitaus klimaschädlichere Treibhausgase. Methan (CH_4) könnte die *Erderwärmungsrate* – an der das solare Geoengineering wiederum direkt ansetzt (siehe Kapitel 2) – stärker beeinflussen als CO_2.[9] Auch Distickstoffmonoxid (N_2O), also Lachgas, hat größere Auswirkungen als CO_2, es ist auf 100 Jahre gerechnet 300 mal so klimaschädlich. Und Wasser (H_2O) ist technisch gesehen das wichtigste Treibhausgas von allen.

Nichts jedoch übt einen so langfristigen Einfluss auf die Klimaveränderungen aus wie menschengemachte CO_2-Emissionen. Diese einzuschränken, ja selbst sie vollkommen auf null zu senken, würde höchstens eine Steigerung des Einflusses von CO_2 auf das Klima verhindern, ihm aber kein Ende setzen. Damit kommen wir zum nächsten wichtigen Schritt: dem Umgang mit den bereits vorhandenen Gegebenheiten. Zur Kohlendioxidentfernung und besonders zum solaren Geoengineering hört man heute ähnliche Argumente wie früher in Hinblick auf die Klimaanpassung, die bei manchen engagierten Umweltschützerinnen und Umweltschützern aus unterschiedlichen Gründen als Tabu galt. »Wir müssen erst den Klimawandel beenden«, hieß es in den Neunzigern, »nur dann können wir darüber reden, uns an die bereits bestehende Erwärmung anzupassen.« Selbst der damalige US-Vizepräsident Al Gore vertrat diese Einstellung und hielt Anpassung für pure Ablenkung. Schon seit Langem aber hat er diese Meinung öffentlich revidiert.[10]

Natürlich stoßen diese Anpassungsmaßnahmen auch an ihre Grenzen. Da wäre beispielsweise die generell vorherrschende Ungleichheit: Die Reichen passen sich an, die Armen leiden. Außerdem ist Anpassung nur bis zu einem gewissen Grad möglich. Es ist eine Sache, einen Hafendamm zum Schutz vor heftigen Sturmfluten zu errichten, eine ganz andere aber ist es, sich bis zum Ende des Jahrhunderts an einen Meeresspiegelanstieg von ein oder zwei Metern anzupassen, indem man ganze Städte in höhere Lagen versetzt. Teile von Miami sind bereits heute überschwemmt – an sonnigen Tagen.[11]

Hier kommt die Kohlendioxidentfernung ins Spiel, welche der Atmosphäre das überschüssige CO_2 entzieht und es idealerweise wieder in die Geosphäre, also unter die Erde transportiert. Doch gegen die Entnahme gibt es ganz eigene Vorbehalte, die nicht weniger schwer wiegen als die einstigen Diskussionen über das moralische Risiko der Klimaanpassung. Man sollte auch bedenken, dass die CO_2-Entnahme aus der Atmosphäre – ähnlich wie die Einschränkung der Emissionen im Vorhinein – sowohl langsam verläuft als auch größtenteils ziemlich kostspielig ist.

Solares Geoengineering hingegen ist *schnell*, *billig* und *unvollkommen*.[12] Durch diese drei Merkmale hebt sich diese Strategie von den anderen Eingriffsmöglichkeiten in die Klimapolitik ab, und sie berühren auch den Glücksspielcharakter des solaren Geoengineerings: Man weiß noch sehr wenig darüber, hat kaum gesicherte Informationen dazu. Viel hängt von noch zu bestimmenden Einzelheiten ab, manches wird man vielleicht nie mit Sicherheit wissen. Es kommt ganz auf die Governance, die Steuerung an, und jedes dieser drei Hauptmerkmale fließt in die Beurteilung mit ein.

Schnell, billig und unvollkommen

Schnell ist solares Geoengineering deshalb, weil es, einmal vollständig entwickelt, dabei helfen könnte, die globale Durchschnittstemperatur innerhalb von Wochen oder Monaten zu senken – im Vergleich zu den Jahren und Jahrzehnten, die eine CO_2-Reduktion dafür benötigen würde. Der Ausbruch des philippinischen Vulkans Pinatubo im Juni 1992 beispielsweise führte zu einem Absinken der jährlichen Durchschnittstemperatur von 0,5 Grad. Ein Jahr später waren die Temperaturen wieder auf dem Ausgangsniveau und steigen seitdem konstant (siehe Kapitel 2).

Billig ist relativ, doch die meisten Schätzungen zu den direkten Engineering-Kosten für den Einsatz von stratosphärischen Aerosolen gehen von einem einstelligen Milliarden-Dollar-Betrag pro Jahr aus. Man stelle sich Dutzende neuartige Flugzeuge mit massivem Rumpf und enormer Spannweite vor, die rund um die Uhr Lieferungen in die Stratosphäre fliegen.[13] Nicht ganz, aber quasi gratis. Die direkten Einsatzkosten würden sich, wie gesagt, im einstelligen Milliardenbereich bewegen, wohingegen man bei der Reduktion von CO_2-Emissionen oder der nachträglichen Entfernung von Kohlendioxid meist von Billionen Dollar ausgeht. Die direkten Einsatzkosten wären also gering genug, um für die Entscheidungen der Regierungen auf der ganzen Welt keine allzu große Rolle spielten.

Unvollkommen ist im Grunde selbsterklärend: Solares Geoengineering geht das Problem des übermäßigen CO_2-Anteils in der Atmosphäre nicht bei der Wurzel an und bringt viele potenzielle Risiken mit sich. Allein schon, es in Erwägung zu ziehen, mag keine gute Idee sein – und schlimmer noch, es tatsächlich durchzuziehen. Doch man darf auch nicht vergessen, dass dies angesichts der beiden ersten Kriterien vielleicht gar keine Rolle spielt; die Welt wird in Richtung Anwendung von solarem Geoengineering gedrängt, und zwar schneller, als wir es heute für möglich – und wünschenswert – halten.

Die Kombination aus schnell und billig platziert das solare Geoengineering an das eine Ende des Spektrums, die Einschränkung von CO_2-Emissionen im Vorhinein an das andere. Will man bei der Reduktion von CO_2-Emissionen hauptsächlich mehr Menschen, Firmen und Länder motivieren, mehr zu tun, fokussiert sich die Steuerung des solaren Geoengineerings darauf, eine voreilige Anwendung zu verhindern, die überstürzt, übertrieben und töricht wäre.

Ein Glücksspiel, das einen genaueren Blick lohnt

Man muss kein Fan von Geoengineering sein, um die Idee an sich ernst zu nehmen. Ich selbst gehöre nicht zu den Fans. Der bloße Gedanke daran ist unheimlich – und sollte es meiner

Meinung nach auch sein. Mit Sicherheit findet irgendwann irgendwo jemand einen Weg, diese Technologie zu missbrauchen – wie es konzeptuell bereits geschieht, um ehrgeizige Pläne zur CO_2-Reduktion auszubremsen. Als es 2008 den bisher größten Vorstoß in der nationalen US-Klimapolitik gab, behauptete der ehemalige Chef der Republikaner im US-Repräsentantenhaus Newt Gingrich in einem Artikel, solares Geoengineering mache jede Einschränkung der CO_2-Emissionen überflüssig.[14] Schön wär's.

Ich weiß noch, wie David Keith und ich am 12. Dezember 2015 in meinem Wohnzimmer in Cambridge, Massachusetts, vereinbarten, ein Konzept zu entwickeln, das zu Harvards Forschungsprogramm zum solaren Geoengineering avancieren sollte. Aber noch aus einem wichtigeren Grund war dies ein besonderer Tag, denn auf der anderen Seite des Atlantiks wurde an jenem Tag das Übereinkommen von Paris verabschiedet – dieser Ironie waren wir beide uns durchaus bewusst.

Das Pariser Klimaabkommen wurde viel dafür gelobt, den schleppenden Klimaverhandlungen wieder neues Leben einzuhauchen. Niemand glaubte daran, dass allein dieses Abkommen den Klimawandel stoppen würde, doch auf jeden Fall war es ein Schritt in die richtige Richtung. Nach einer vierjährigen Zäsur in den USA bewegt sich das Pendel endlich wieder mit ordentlichem Schwung in diese Richtung – und wird hoffentlich nicht zurückschwingen. Jeglicher Impuls zur Emissionsreduktion ist zweifelsohne etwas Positives, das durch nichts ausgebremst werden darf.

Ironischerweise soll jedoch genau jetzt das solare Geoengineering diskutiert werden, in einer Zeit, in der der Versuch der Einschränkung von CO_2-Emissionen global immer mehr zum Thema wird und sich das Bewusstsein durchzusetzen beginnt, dass man nun wirklich etwas für das Klima tun muss.

Dabei muss es nicht um ein Entweder-oder gehen. Am besten wäre ein breit gefächerter Ansatz, bei dem solares Geoengineering möglicherweise eine – allenfalls befristete – Rolle bei der *Abschwächung* der schlimmsten Auswirkungen des Klimawandels spielen könnte, während man global zügig die CO_2-Emissionen reduziert – bis auf null, und dann sehen wir weiter.[15]

Dieses ausgewogene Konzept mag pures Wunschdenken sein. Wenn uns die Geschichte – und nicht nur die Klimageschichte – eins gelehrt hat, dann dürfte es wohl Wunschdenken sein. Treibende Kräfte halten die Welt davon ab, genug für die Emissionsreduktion zu tun. Es sind dieselben, die uns zu rasch in Richtung solares Geoengineering drängen.

Teil I

Anreize

1.
Nicht *ob*, sondern *wann*

Solares Geoengineering stellt alles, was wir über den Klimawandel und Klimapolitik zu wissen glaubten, auf den Kopf. Erstens kann es die Verbindung zwischen der CO_2-Konzentration in der Atmosphäre und den globalen Durchschnittstemperaturen – die selbst noch einige Fragen aufwirft – aufheben. Der Fachbegriff für diesen Zusammenhang zwischen Konzentration und Temperatur lautet »Klimasensitivität«. Aktuelle Untersuchungen haben uns hier weit vorangebracht und konnten die bestehenden Unsicherheiten erheblich eingrenzen – wenn auch nicht vollends ausräumen.[1] Mehr zu diesem Thema findet sich in meinem Buch *Climate Shock*, verfasst mit dem großartigen Marty Weitzman, der inzwischen leider verstorben ist.[2]

Für unsere Zwecke hier genügt es zu wissen, dass solares Geoengineering diese Verbindung zwischen CO_2-Konzentration in der Atmosphäre und der globalen Durchschnittstemperatur aufhebt. Es ist die einzige klimapolitische Maßnahme, die dazu in der Lage wäre – allerdings in höchst unvollkommener Weise. Solares Geoengineering setzt nicht bei der Ursache für den Klimawandel direkt an, wohl aber bei den globalen Durchschnittstemperaturen – schnell und billig.[3]

Und das ist auch kurz gesagt der Grund, warum die Frage beim solaren Geoengineering nicht *ob*, sondern *wann* lauten sollte. Doch es gibt dabei einige Haken.

Vom »Trittbrettfahren« zum »Gratisfahren«

In der Ökonomie ist man sich einig über den Grund für die übermäßigen CO_2-Emissionen in der Atmosphäre: Die Vorteile der Emissionen sind privatisiert, während die Kosten der Verschmutzung weitgehend die Allgemeinheit tragen muss. Die Lösung liegt auf der Hand: eine CO_2-Bepreisung entsprechend der Differenz zwischen den privaten und den gesellschaftlichen Grenzkosten. Nichts anderes zeigte der Ökonom Arthur Pigou 1920 anhand seines Beispiels von den Hasen, die eine gemeinschaftliche Wiese verwüsten, oder etwa Kühen auf der gemeinschaftlichen Weide.[4] Ich selbst genieße die Vorteile, wenn meine eigenen Tiere das gemeinschaftliche Gras essen; die Kosten hingegen werden auf die gesamte Gemeinde umgewälzt.

In der Ökonomie spricht man hier vom *free rider problem*, dem Trittbrettfahrerproblem: Es liegt nicht im unmittelbaren Eigeninteresse, als Erster die Kosten der CO_2-Minderung zu tragen. Das gilt für Individuen gleichermaßen wie für Firmen und auch Länder. Warum sollte man sich zu etwas verpflichten, wenn andere es nicht tun?

Man darf sich jetzt fragen, ob man sich in der Ökonomie nicht zu sehr auf diesen einen Punkt versteift. Die politische Ökonomie macht in erster Linie zu große Einzelinteressen als den wahren Grund für die Untätigkeit aus. Zwar schiebt man in der Politik gern die nachlässigen Klimamaßnahmen anderer Länder als Grund für die eigene Tatenlosigkeit vor, doch meist ist dennoch ein innenpolitisches Problem dafür verantwortlich. Kurz gesagt liegt nicht alles am Trittbrettfahrereffekt, er erklärt nicht vollständig, warum es keine strengeren Maßnahmen für eine CO_2-Reduktion gibt[5], ist jedoch sicherlich ein wichtiger Teilaspekt.

Während es beim Trittbrettfahrerproblem um fehlende Motivation für eine Einführung von Maßnahmen gegen die CO_2-Verschmutzung geht, hat das Geoengineering mit dem Gegenteil zu kämpfen. Anstatt um fehlende Handlungsbereitschaft geht es hier darum, nicht zu übertreiben. Man kann dabei vom *free driver effect* sprechen, Gratisfahren, ein Begriff, den Marty Weitzman und ich in einem Essay für die Zeitschrift *Foreign Policy* mit dem bezeichnenden Titel »Gott spielen« eingeführt haben.[6] Später hat Marty Weitzman diese Idee in einem Artikel für eine peer-reviewed Wirtschaftsfachzeitschrift weiter ausgeführt. Wir waren natürlich nicht die Ersten, die diesen grundlegenden Aspekt beschrieben und für relevant befunden haben. Wie so oft bei spieltheoretischen Ansätzen geht die erste Erwähnung auf den Nobelpreisträger Tom Schelling zurück.[7] Doch unabhängig von den Begrifflichkeiten ist solares Geoengineering ein potenziell so mächtiges Werkzeug im Verhältnis zu den Kosten, dass man unbedingt mit dem Free-Driver-Effekt rechnen muss.

Relativ »frei«

»Frei« – *free* – ist hier nicht als gänzlich frei von Kosten misszuverstehen, denn natürlich hat auch das solare Geoengineering seinen Preis. Einerseits sind hier die möglicherweise großen Risiken und Ungewissheiten zu nennen.[8]

Auch die Kontrolle und Führung eines wohldurchdachten, groß angelegten Programms zum Einsatz des solaren Geoengineerings würde zeitlich wie finanziell nicht unerheblich ins Gewicht fallen. Das sollte in jedem ernst zu nehmenden Gedankenspiel für die Anwendung solaren Geoengineerings eine zentrale Rolle spielen. Kapitel 4 beschreibt ein solches Szenario.

Hier beziehe ich mich auf die reinen Anwendungskosten für das solare Engineering an sich. Diese Kosten sind es, die der Free-Driver-Effekt abdeckt und die in der Tat gering sind – zu gering. Aber wie gesagt, solares Geoengineering ist nicht gratis.

Tatsächlich veranschlagen einige der besten Schätzungen für die Frühphase der Anwendung von Stratosphärenaerosolen einstellige Milliardensummen pro Jahr, was nicht wenig ist. Es geht aber damit nicht um zehn oder Hunderte Milliarden Dollar im Jahr. Anders gesagt, wenn man es »effizient« betreibt, dann liegt für viele Länder der Einsatz von groß angelegtem solarem Geoengineering im Rahmen des Möglichen. 35 Länder auf der Welt haben allein einen Verteidigungshaushalt von mindestens 5 Milliarden Dollar, bei 24 Staaten übersteigt er sogar 10 Milliarden.[9] Diese Schätzungen beinhalten die Konzeption eines völlig neuen Flugzeugtyps, der diese Einsätze um den Äquator auf mindestens 20 Kilometern Höhe und innerhalb eines Bereichs von plus/minus 30 Grad fliegen könnte. Wie man zu diesen Zahlen gelangt, ist ein Thema für sich.

Man ging immer davon aus, dass stratosphärische Aerosole billig und leicht einsetzbar sein würden. In der (kleinen) Forschungsgemeinde um das solare Geoengineering hieß es sogar, man könne einfach ein Dutzend bereits existierender Maschinen, so etwa hochfliegende Business-Jets zu diesem Zwecke umbauen. Da denkt man gleich an wahnwitzige, milliardenschwere Unternehmer, die einfach die Sitze aus ihrer Gulfstream-Maschine ausbauen – und fertig. Wie genau es zu diesen Vorstellungen kam, ist schwer zu sagen. Doch zu den Ersten, die sich ernsthaft mit dem Thema beschäftigten, gehörte *Aurora Flight Sciences* mit einer von David Keith geförderten Studie, deren Mittel aus dem Fonds FICER (Fund for Innovative Climate and Energy Research) stammten, welcher wiederum von Bill Gates finanziert wird (dazu mehr in Kapitel 3). Die Studie legte in einem Bericht Berechnungen für ein *New High Altitude Aircraft* dar und argumentierte außerdem, dass man vielleicht auch bereits existierende Flugzeuge umbauen könne.[10]

Hier kommen die Mails ins Spiel, die ein gewisser Wake Smith um 2016 einfach so an David Keith und mich schickte, als wir in der frühen Entwicklungsphase des Projekts steckten, das einmal das Geoengineering-Forschungsprogramm in Harvard werden sollte (dazu mehr hauptsächlich in Kapitel 3). Wake war unter anderem Präsident und Vorsitzender von *Pemco World Air* gewesen, einem führenden Unternehmen im Bereich des Flugzeugumbaus. Offensichtlich kannte er sich fachlich gut aus, befasste sich mit dem Klimawandel und wollte gerne einen Beitrag leisten. Wir vereinbarten ein Treffen.

Wie in meinen meisten Unterredungen mit Personen aus dem Unternehmens- oder Finanzbereich stellte ich zu Beginn des Gesprächs klar, dass es sich für uns um ein Forschungsprojekt handelte, bei dem kommerzielle Interessen problematisch seien. »Haben Sie schon einmal vom Free-Driver-Effekt gehört?« Wake beteuerte, er habe kein finanzielles Interesse, doch den Free-Driver-Effekt fände er spannend. Er hatte in David Keiths Buch gelesen, dass sich modifizierte Business-Maschinen vielleicht für das Geoengineering eignen würden.

> *Für das Einbringen von Sulfaten in die Atmosphäre könnte man Gulfstream-Business-Flugzeuge verwenden, die, mit handelsüblichen Low-Bypass-Triebwerken nachgerüstet und der entsprechenden Hardware zur Erzeugung und Verteilung der Schwefelsäure ausgestattet, in Höhen von über 18 Kilometer fliegen würden.*[11]

Wake war skeptisch. Er wollte es bei unserem Treffen nicht so direkt sagen, doch er glaubte, dass das Umrüsten so auf keinen Fall funktionieren würde. Vielmehr war er der Ansicht, dass man für stärkere Triebwerke einen neuen Flugzeugtypen, einen neuen Zertifikationsprozess und Verschiedenes mehr benötigte. Für einen ehemaligen Betreiber einer Umrüstungsfirma für Flugzeuge war es natürlich etwas völlig anderes, ein ganz neues Flugzeug zu gestalten.

Wake bemühte sich zu belegen, dass er mit dieser ersten Einschätzung richtig lag. Er sprach mit Entwicklerinnen und Entwicklern bei Airbus, Atlas, Air, Boeing, Bombardier, GE Engines, Gulfstream, Lockheed Martin, NASA, Near Space Corporation,

Northrop Grumman, Rolls Royce Engines, Scaled Composites, The Spaceship Company und Virgin Orbit.[12] Wie sich zeigte, kannte er sich gut in seiner Branche aus: Er erstellte einen Entwicklungsplan, in dem er darlegte, welche Art Unternehmen ein solches Flugzeug entwerfen und wie man die Entwicklung finanzieren konnte, und beschrieb den Prozess von der Konzeption bis hin zur Anwendung.

Schließlich verfassten wir gemeinsam ein Paper, in dem wir die »Vorgehensweisen und Kosten beim Einbringen von stratosphärischen Aerosolen in den ersten 15 Anwendungsjahren« darstellten[13] und zu dem Schluss kamen, dass die existierenden Flugzeuge sich nicht dafür eigneten. Man würde einen neuen Flugzeugtypen mit großem Rumpf und enormer Spannweite benötigen, um das Material transportieren und in die untere Stratosphäre fliegen zu können. Von der Entwicklung bis zur tatsächlichen Inbetriebnahme eines solchen Flugzeugs würde es wohl an die zehn Jahre dauern.

Das alles hatte seinen Preis: Es würde Milliarden kosten. Aber keiner unserer Gesprächspartner hegte den geringsten Zweifel, dass es möglich wäre. Die Kostenangaben bestätigten außerdem die allgemeine Einschätzung: einstellige Milliardenbeträge pro Jahr – wirklich sehr billig.

Doch aus unterschiedlichen Gründen ist der direkte Vergleich mit der Verringerung von CO_2-Emissionen problematisch. Einer davon betrifft die Zeitspanne: Während das solare Geoengineering in der Lage wäre, die globale Durchschnittstemperatur innerhalb von Monaten zu senken, würde es Jahrzehnte oder Jahrhunderte dauern, bis sich eine Reduktion der CO_2-Emissionen und der Verschmutzung bemerkbar macht. Obwohl keineswegs *kostenfrei*, ist solares Geoengineering im Vergleich jedoch sehr billig. Die niedrigsten Schätzungen für eine Dekarbonisierung der Weltwirtschaft belaufen sich auf insgesamt (also nicht etwa jährlich) 50 bis 100 Billionen Dollar.[14]Das ist 100- bis 1.000-mal so viel wie die geschätzten Kosten fürs solare Geoengineering. Wenn überhaupt, dann ist das solare Geoengineering *zu* billig.

In einer rationalen Welt würde es etwas wie *zu* billig gar nicht geben. Und selbst wenn etwas gratis wäre, müssten wir es deshalb noch lange nicht tun, wenn wir nicht wollten. Natürlich leben wir aber auch nicht in einer rationalen Welt, angefangen damit, dass überhaupt nicht klar ist, wer überhaupt dieses »wir« sein soll. Wer fällt die Entscheidungen? Und genauso berechtigt ist die Frage: Wenn das solare Geoengineering so billig und der Free-Driver-Effekt so groß ist, warum wird diese Technologie dann nicht schon längst umgesetzt?

Sand im Getriebe des Gratisfahrers

Dass selbst ein umfassender Einsatz von stratosphärischen Aerosolen so unglaublich billig scheint, hängt mit den unglaublichen wirtschaftlichen Rahmenbedingungen zusammen.[15] Daraus ergibt sich logischerweise nicht die Frage nach dem *Ob*, sondern nach dem *Wann*. Doch andererseits, wenn es doch so billig und einfach ist, warum wurde es nicht bereits umgesetzt? Da fällt einem der Witz über zwei Chicagoer Ökonomen ein, die die Straße entlanggehen und einen 20-Dollar-Schein auf dem Boden liegen sehen. Sagt der eine: »Hey, warum hebst du den nicht auf?« Sagt der andere: »Der kann nicht echt sein, sonst hätte ihn schon jemand anders genommen.«

Natürlich gibt es vielerlei Gründe dafür, weshalb Märkte nicht so effizient sind – sein können – wie dieses überspitzte, stereotype Wirtschaftsmodell »à la Chicago« denken lassen mag. Ansonsten bräuchte es nicht die ganzen Business-Schools, die akademische Heimat vieler dieser Ökonomen. Es gäbe auch keinen Bedarf an Unternehmensberatungen, wo Absolventinnen und Absolventen dieser Schulen arbeiten. In Schweden tut man gut daran, den Nobelpreis an »Verhaltens«-Ökonomen zu vergeben. Die Anführungszeichen setze ich, weil es sich hier am Ende doch nur um gute Ökonomie handelt – anders als jene, die nachweislich falsche Vermutungen über absolute »Rationalität« anstellt. Dennoch lohnt es sich, genauer zu analysieren, warum das solare Geoengineering noch keine Anwendung gefunden hat – vor allem, da es so kostengünstig ist.

Kurz gesagt: Da gibt es offenbar einigen Sand im Getriebe der *Free Driver*. Die Liste der Gründe dafür ist lang und größtenteils sehr schlüssig. Eine Erklärung wäre zum Beispiel, dass Politikerinnen und Politiker den Widerstand von radikalen Umweltschutzgruppen fürchten, einer Umweltbewegung, die sich dezidiert gegen diese Technologie stellt. Etwas anders sieht es bei Politikerinnen und Politikern aus, die das solare Geoengineering befürworten und eventuell zunächst den Umweltschutzgruppen signalisieren wollen, dass sie sich für Dekarbonisierung einsetzen. Oder, um die Rationalität auf die Spitze zu treiben: Vielleicht würden sich manche Politiker gern für solares Geoengineering einsetzen, fürchten aber, dass es auf internationaler Ebene an effektiver Steuerung fehlt – mit dieser Annahme kann man nie danebenliegen –, weshalb sie davor zurückscheuen.

All diese Erklärungen, warum bisher so wenig getan wurde, sind in Fachtexten zum solaren Geoengineering bereits dargelegt worden – auch in meinen eigenen Beiträgen.[16] Und sie mögen allesamt etwas zu vernunftgesteuert sein. Dabei geht die Gratisfahrer-Hypothese nicht davon aus, dass das solare Geoengineering unverzüglich und automatisch greift – damit würde man den »rationalen« Ansatz à la Chicago doch etwas zu weit treiben. Denn siehe da, als Michail Budyko 1974 zum ersten Mal das Einbringen von Aerosolen in die Stratosphäre beschrieb, wurde dies nicht unverzüglich in Angriff genommen, ebenso wenig wie 1977, als die englische Übersetzung seines Buches erschien.[17] Paul Crutzen und Ralph Cicerone mag es 2006 gelungen sein, dem selbst auferlegten Forschungsmoratorium etwas entgegenzusetzen und einen exponentiellen Anstieg des Forschungsinteresses und bei den Publikationen zu diesem Thema anzustoßen, doch mehr als ein Jahrzehnt später dümpelt die direkte weltweite Forschungsförderung zu diesem Thema immer noch bei circa 20 Millionen Dollar pro Jahr dahin.[18] Im Vergleich dazu gibt die US-Regierung allein über 2 Milliarden für die gesamte Forschung im Klimawissenschaftsbereich aus.[19] Wir stehen beim solaren Geoengineering noch immer am Anfang – mit allen Ungewissheiten, die dies mit sich bringt.

Und selbst wenn jemand irgendwo beschließt, den Schalter umzulegen, wird es mit Sicherheit noch viele Jahre, vielleicht Jahrzehnte dauern, bis etwas wie ein annähernd umfassendes Aufbauprogramm einsatzfähig wäre.

Wer entscheidet?

Das führt uns gleich zur allerwichtigsten Frage: Wer wäre denn dieser »Jemand«? Man ist versucht, hier den nationalen Regierungen die Führungsrolle zuzuschreiben. Schließlich sind sie die Entscheider bei der Klimapolitik oder sollten es zumindest sein. Wie wir bereits gesehen haben, würden Dutzende Länder über die finanziellen Mittel für ein umfangreiches Programm zum solaren Geoengineering verfügen.[20] Den Regierungen fiele die Aufgabe zu, das solare Geoengineering mit anderen dringlichen innenpolitischen Erfordernissen in Einklang zu bringen, allen voran die Reduktion der CO_2-Emissionen. Auch international sollten sie das solare Geoengineering koordinieren, und zwar sowohl multilateral als auch auf UN-Ebene. Gleiches gilt für bilaterale Verhandlungen in jeglicher Konstellation. Auch NGOs, Firmen und andere private Akteure spielen hier in unterschiedlichen Ausprägungen eine Rolle. Doch am Ende macht die Regierung die Politik.

Was würde geschehen, wenn der Staat nicht die Initiative beim solaren Geoengineering ergreift? Zum einen gibt es überaus mächtige Interessengruppen wie die Lobby für fossile

Brennstoffe, die zu viel Einfluss auf die nationale Klimapolitik haben. Sowohl Kohlendioxidentfernung als auch das solare Geoengineering könnten das Mittel der Wahl werden, um Reduktionen bei den CO_2-Emissionen so lange wie möglich aufzuschieben. Das gilt für die Unternehmen dieser Branche, die bei demokratisch gewählten Spitzenpolitikerinnen und -politikern Lobbyarbeit betreiben, hätte aber in sogenannten Öllländern noch weitaus größere Auswirkungen, in denen die nationale Ölfirma quasi die Regierung stellt. Nehmen wir Saudi-Arabien, mit oder ohne den öffentlichen Handel von Saudi-Aramco-Aktien. Es ist das Öl, das die saudische Königsfamilie so mächtig macht, weshalb sie ein großes Interesse daran haben dürfte, den Status quo zu bewahren. Das gilt auch für viele andere Länder im Nahen Osten und weit darüber hinaus.

Einige der aufgeklärteren Ölgiganten haben sich mehr oder weniger ehrgeizige Dekarbonisierungsziele gesetzt. Diese beinhalten stets, ob implizit oder explizit, die »Netto«-Dekarbonisierung, was zumindest als Hinweis verstanden werden muss, dass sie *Direct Air Capture* oder andere Formen der Kohlendioxidentfernung durchaus als Teil ihrer Unternehmensstrategie betrachten. Würde man nur einen Bruchteil der riesigen Marketing-Summen, die normalerweise dafür ausgegeben werden, Verwirrung zu stiften – oder noch Schlimmeres anzurichten –, in Klimaschutzmaßnahmen investieren, in Lobbyarbeit für die Kohlendioxidentfernung oder in solares Geoengineering, dürfte das einen (unverhältnismäßig) großen Einfluss auf die nationale Politik haben.

Außerdem engagieren sich hier nichtstaatliche Akteure – allen voran Milliardäre. David Victor hat für einen »selbsternannten Beschützer der Erde«[21] den Begriff »Greenfinger« geprägt. Das Drehbuch dazu ließe sich leicht schreiben: Der Protagonist Greenfinger wäre eine recht zwiegespaltene Persönlichkeit. Einerseits würde er sich gegen James Bond und seine Regierung stellen, aber andererseits glauben, im Dienste der

Menschheit zu handeln – aus dem Bestreben heraus, die Lücke zu füllen, die durch die Zögerlichkeit der Regierung beim Einsatz von solarem Geoengineering entstanden ist.

Doch das Bild vom Milliardär als Retter der Menschheit gerät rasch ins Wanken, denn so einfach ist es nun mal nicht. Erstens aus rein ökonomischen Gründen. Die jährlichen Kosten im einstelligen Milliardenbereich mögen für viele Staaten ein Schnäppchen sein. Doch der durchschnittliche Milliardär oder die Milliardärin würde seinen oder ihren Reichtum doch recht schnell aufbrauchen. Um über Jahre hinweg regelmäßig um die 5 Milliarden Dollar ausgeben zu können, wäre wohl ein Vermögen von 100 Milliarden erforderlich. Und das betrifft dann doch eher einen recht exklusiven Club. Bill Gates gehört zu denjenigen, die sich für solares Geoengineering interessieren. Er hat David Keiths Arbeit über die Jahre gefördert und vier der ersten zehn Millionen für Harvards *Solar Geoengineering Research Program* beigesteuert, das offiziell 2018 gestartet wurde. Solche Forschung ist wirklich sinnvoll – aber meilenweit entfernt von einer umfassenden Umsetzung des solaren Geoengineerings. Anfang 2020 machte Jeff Bezos mit seiner Ansage Furore, zehn Milliarden Dollar in den Klimaschutz zu investieren. Um ein Anwendungsprogramm für solares Geoengineering zu unterstützen, müsste er jedes Jahr eine Summe dieser Größenordnung spenden.[22] Wenngleich vielleicht immer noch theoretisch möglich, ist dies alles andere als wahrscheinlich.

Entscheidend ist aber, dass jeder Schritt in Richtung Anwendung derzeit übereilt wäre. Manche Regierungen könnten Anwendungsversuche von Privatseite sogar als terroristischen Akt deuten und sich massiv dagegen wehren.[23] Und es gibt viele Möglichkeiten, private Akteure davon abzuhalten, solares Geoengineering gegen den Willen der Regierung einzusetzen. Milliardäre geben eher selten Geld für Provokationen aus. Tatsächlich müsste jemand, der im Widerspruch zu politischen und sozialen Normen die Umsetzung des solaren Geoengineerings voranbringen wollte, sich diesem Ziel ganz und gar verschreiben – und selbst dann wäre es vielleicht nicht möglich.

All dies gilt zumindest für einen zentralisierten Einsatz von stratosphärischen Aerosolen, beispielsweise mit neuen hochfliegenden Flugzeugen – die bislang kosteneffektivste bekannte Technologie zum Einbringen der Aerosole, aber sicher nicht die einzige. Genau wissen kann es niemand, da bisher keine der Methoden ausprobiert wurde, doch von einem hochfliegenden Ballon bis zur Railguntechnologie ist alles denkbar. Diese Alternativen haben eins gemein, nämlich, dass sie – zumindest die Ballons – weniger effektiv, aber kostspieliger als Flugzeuge sind. Und man könnte sie für eine dezentrale Anwendung nutzen – was sie für diejenigen, die einen Alleingang wagen wollen, vielleicht interessant macht, seien es Schurkenstaaten oder nichtstaatliche Akteure.[24] In Kapitel 6 wird dieses Szenario im Detail dargestellt.

An dieser Stelle möge der Hinweis genügen, dass die Frage, *wer* für das solare Geoengineering zuständig ist, äußerst umstritten ist. Noch viel wichtiger ist, dass es sich dabei vielleicht gar nicht um einen einzelnen Akteur oder gar nur eine Sorte von Akteuren handelt. Milliardäre alleine werden es nicht richten – und das ist gut so. Es geht auch nicht um eine einzige Methode des solaren Geoengineerings. Die Reduktion von CO_2 lässt sich nicht monolithisch betrachten – ebenso wenig die Kohlendioxidentfernung. Das solare Geoengineering eignet sich am besten für einen globalen, zentral koordinierten Ansatz. Die »rationale« Implementierungspolitik, die in Kapitel 4 näher beleuchtet wird, ist jedoch keineswegs das einzig mögliche Szenario, vielleicht nicht einmal das wahrscheinlichste.

Das Geoengineering-Dilemma

Das Gefangenendilemma bringt wunderbar auf den Punkt, warum sich zwei völlig rational denkende Individuen (von der Tatsache einmal abgesehen, dass sie sich durch ein Verbrechen in diese Lage gebracht haben) selbstsüchtig verhalten und einander verraten, obwohl es insgesamt besser für sie wäre, an einem Strang zu ziehen.[25] Wenn er kann, handelt jeder Spieler* selbstsüchtig, und am Ende stehen beide schlechter dar. Dies lässt sich auf das Free-Rider-Phänomen bei der Reduktion der CO_2-Emissionen übertragen.

Die Spieltheorie hat noch zahlreiche ähnliche Dilemmata zu bieten. Häufig versucht man auf mehr oder weniger ausgeklügelte Weise, die Welt in einfachen 2 × 2-Matrizen abzubilden, inklusive Belohnungen für bestimmte Handlungen (das ist natürlich nicht nur in der Spieltheorie so; siehe das »Trolley-Problem«).[26] Wenngleich man es in der Realität oft mit ganz handfesten Einschränkungen zu tun hat, können diese Gedankenexperimente nützlich und lehrreich sein, indem sie ohne viel Blabla umfassendere Punkte erklären. Sie werden gleich sehen, worauf ich hinauswill. Wir werden dieselbe Logik im Rest dieses Kapitels anwenden, um zu analysieren, welche größeren klimapolitischen Dynamiken hier am Werk sind.

Der Vorsatz, die CO_2-Emissionen zu senken, oder das Fehlen eines solchen Vorsatzes lässt sich in einer einfachen 2 × 2-Matrix darstellen, siehe Tabelle 1.1.

Die fettgedruckten Buchstaben mit tiefgestellten Ziffern stehen für die Züge, die Buchstaben ohne Ziffern für die Ergebnisse. Man würde sich mit der Behauptung zu weit aus dem Fenster lehnen, dass diese Tabelle die gesamte Klimapolitik abbildet, doch sie bringt einige der wichtigsten Logikaspekte auf den Punkt. H steht für eine hohe Minderung, L für eine niedrige

* Der Begriff des »Spielers« steht als Fachbegriff aus der Spieltheorie stellvertretend für alle Geschlechter.

(*low*). Das Ergebnis ist klar: Wenn sich nicht beide Spieler darauf einigen, H anzustreben, wird das Resultat immer L sein.

Züge der Spieler 1 \ 2	**H_2**	**L_2**
H_1	H	L
L_1	L	L

Tabelle 1.1: Klimaschutzpolitik als Ergebnis der von den Akteuren bevorzugten Züge: Eine Vereinbarung mit hohem Minderungsgrad (H) ist nur möglich, wenn beide Spieler H statt einem geringeren Minderungsgrad (L) wählen.[27]

Im Grunde stellt Tabelle 1.1 ein Verhandlungsspiel dar, bei dem das schwächste Glied in der Kette entscheidet. Damit lässt sich am einfachsten zeigen, warum es so schwierig ist, H zu verwirklichen: Warum sollte eine Nation, ein Staat oder ein Rechtssystem mehr als die anderen tun, wenn diese weiter L betreiben?[28] Die Logik hinter dieser Frage zeigt einerseits das Problem des kollektiven Handelns auf, weist aber gleichzeitig auf Wege hin, dieser Situation zu entkommen. Tatsächlich gibt es ganze Bücher darüber. Sott Barretts *Why Cooperate?* eignet sich hervorragend als Einstieg.[29]

Erstens ist die CO_2-Reduktion mitunter nicht so teuer, wie oft angenommen.[30] Das Paradebeispiel sind die Photovoltaik-Kosten, die allein in den letzten zehn Jahren um rund 90 Prozent gesunken sind. Dieser wohl größte Einwand gegen unser Spiel birgt Hoffnung. Dass beim Klimaschutz so zögerlich vorgegangen wird, liegt vielleicht am Ende gar nicht an der fehlenden internationalen Koordinierung, sondern an innenpolitischen Hindernissen.[31] Auch hier könnte das solare Geoengineering natürlich eine Rolle spielen, es könnte Bedenken wegen des moralischen Risikos oder gar den umgekehrten Effekt bewirken (siehe Kapitel 7). Doch derlei Interaktion wird in diesem Modell nicht dargestellt.

Ein weiterer wichtiger Einwand besteht darin, dass eventuell tatsächlich einige Länder gerne ehrgeizigere Ziele bei der CO_2-Reduktion verfolgen würden, damit ihnen andere nachfolgen.

Das könnte über den traditionellen Weg der Kohlenstoffbepreisung[32] oder aber über Lieferketten funktionieren; so etwa, wenn China versuchen würde, den Markt für Kohlenstoffreduktionstechnologien zu beherrschen, und somit energietechnisch nicht mehr Öl-, sondern »Elektrostaaten« führend wären.[33]

Auch wenn wir vom Spiel der Abschwächung des Klimaschutzes als Grundsituation ausgehen, dürfte das solare Geoengineering der Diskussion eine besondere Note hinzufügen. Nehmen wir einmal an, jedes Land hat einen zusätzlichen Zug: G. Diese Option ist schnell und billig zu haben – und ja, auch äußerst unvollkommen, aber die beiden ersten Eigenschaften mögen ausreichen, damit G alles abräumt. Tabelle 1.2 zeigt das scheinbar unvermeidliche Resultat.

Der Free-Driver-Effekt fragt nicht danach, *ob* das solare Geoengineering irgendwann zum Einsatz kommt, sondern nur *wann*. Tabelle 1.2 stellt das beängstigendste aller Szenarien dar, wenn nämlich das solare Geoengineering nicht *zusätzlich* zu weitreichenden Maßnahmen für die CO_2-Einschränkung zum Einsatz kommt, sondern *an ihrer Stelle*. Kompromisse zwischen G und H könnten vernünftig und unvermeidlich erscheinen. Doch es ist weder vernünftig noch unvermeidlich, G als kompletten Ersatz zu erachten. Das würde womöglich zu einer Wendung mit noch schlimmeren Konsequenzen führen.

Züge der Spieler 1 \ 2	H_2	L_2	G_2
H_1	H	L	G
L_1	L	L	G
G_1	G	G	G

Tabelle 1.2: Klimapolitik mit der Option des solaren Geoengineerings (G). Ohne G ist der geringere Minderungsgrad (L) dominant, der hohe Minderungsrad (H) wird dominiert. G dominiert beide.[34]

Und was, wenn Geoengineering zu einer strengeren Klimapolitik führen würde?

Mit der Spieltheorie will man eigentlich immer ein paar scheinbar widersinnige Ergebnisse erzielen. Diese 2 × 2-Matrix zeigt lediglich, warum Maßnahmen zur Abschwächung des Klimawandels so schwer umzusetzen sind. Sie bietet keinen Lösungsansatz für das Dilemma. Gleiches gilt für die 3 × 3-Matrix inklusive G für das solare Geoengineering. Sie zeigt, dass G dominiert, mehr aber auch nicht. Sie birgt keinen weiteren Ratschlag, als dass sich alle darauf einigen sollten, die CO_2-Emissionen erheblich zu reduzieren – also H zu wählen.

Ein Verzicht auf die Reduktion von CO_2-Emissionen – Option L – ist eine gruselige Perspektive für den gesamten Planeten. Noch gruseliger könnte es sein, unbedarft ins solare Geoengineering hineinzustolpern. Dies vorausgesetzt und mit etwas Handwerkszeug, um zu begreifen, was hinter Tabelle 1.2 steckt, kann es vielleicht einen Weg aus dem Dilemma geben.

Natürlich hat es seine Grenzen, wenn man sich allein auf H, L und G konzentriert. Aber lassen Sie uns noch ein wenig bei dieser Logik verweilen und erneut die Präferenzen der Länder aufzeigen. Manche wählen H > L (lies ganz einfach: »H vor L«), also ein großes Interesse am Klimaschutz, zumindest ein größeres als bei denjenigen, die H an erster Stelle platzieren. Es könnte auch bedeuten, dass für diesen Spieler speziell die CO_2-Reduktion relativ kostengünstig ist, wieder mit Betonung auf relativ. Auf jeden Fall bevorzugt der Spieler eindeutig H.

Für diejenigen, bei denen H > L gilt, gibt es jetzt drei Optionen für G: Platz eins, zwei oder drei. Eins würde bedeuten, dass G alle anderen Strategien in den Schatten stellt: G > H > L. Diese Reihenfolge wäre aus mindestens zwei Gründen schlecht. Erstens, weil es eine Erstplatzierung des solaren Geoengineerings auf Kosten jeglicher anderer Klimapolitik wäre – ein absolut nicht wünschenswertes Ergebnis. Außerdem wird damit das spieltheoretische Modell überflüssig. Es bedarf keiner 3 × 3-Matrix, wenn das Ergebnis eindeutig ist: G gewinnt, falls sich die Länder nicht beispielsweise auf ein striktes, vollstreckbares Moratorium einigen (siehe Kapitel 8).

Wenn jemand G an dritter Stelle positioniert (H > L > G), ist das ähnlich unbefriedigend. Jetzt wird sogar der geringe Minderungsgrad jeglichem Einsatz von solarem Geoengineering vorgezogen – was natürlich absolut möglich ist. Hierbei kommen einem die Fundi-Grünen in den Sinn, die H Option L vorziehen würden und alles verabscheuen, was wie ein technologisches Trostpflaster für ein viel größeres, strukturelleres Problem der derzeitigen fossilen Brennstoffwirtschaft wirkt. »Langweilig« nicht, weil diese Position an sich langweilig wäre, weit gefehlt. Sie fordert ein radikales Umdenken der Gesellschaft, wie wir sie kennen. Aber hier bedeutet sie, dass G zugunsten einer ausschließlichen Konzentration auf die Reduzierung der CO_2-Emissionen zur Seite geschoben wird.

Die dritte Möglichkeit ist H > G > L, also mit G an zweiter Stelle, womöglich weit hinter H, aber leider (ob nun mit Bauchschmerzen oder auch nicht) vor L. Selbst begeisterte Umweltschützer, oder vielleicht gerade diese, könnten in einem Anfall von Verzweiflung für diese Reihenfolge stimmen, da der unkontrollierte Klimawandel mittlerweile so weit fortgeschritten ist.

Wie in jedem spieltheoretischen Rahmen hängt nun einiges von der Entscheidung der anderen Spieler ab. Auch hier gibt es drei Möglichkeiten. Wir wissen bereits, dass der eine Spieler sich für L > H entscheidet. Jetzt kann G wieder an erster, zweiter oder dritter Stelle stehen.

Was passiert, wenn G zuerst kommt, wissen wir bereits. Die Rangfolge G > L > H führt zum gleichen Ergebnis wie bei dem anderen Spieler, der sich für G > H > L entscheidet: G dominiert. Noch einmal: Die einzige Möglichkeit, solares Geoengineering in diesem Szenario zu verhindern, ist der Versuch, es zu verbieten, also eine Art weltweites Moratorium (siehe Kapitel 8).

Aber was passiert, wenn G an zweiter Stelle kommt, dieser Spieler also L > G > H wählt? Da wird es gleich komplizierter, wobei es auch hier Lösungen gibt. In Tabelle 1.3 sehen wir das Gesamtbild.

1\2	**H>L>G**	**H>G>L**	**L>G>H**	**L>H>G**	**G>L>H**	**G>H>L**
H>L>G	H	H	L	L	*G*	*G*
H>G>L	H	H	G	**H**	*G*	*G*
L>G>H	L	G	L	L	*G*	*G*
L>H>G	L	**H**	L	L	*G*	*G*
G>L>H	*G*	*G*	*G*	*G*	*G*	*G*
G>H>L	*G*	*G*	*G*	*G*	*G*	*G*

Tabelle 1.3: Auswirkungen auf das Klima basierend auf den vollständigen Präferenzen jedes Spielers. Die Verfügbarkeit von Geoengineering (G) könnte zu einem Übereinkommen über einen hohen Minderungsgrad führen (H, fettgedruckt), obwohl ein Spieler eine geringere Minderung (L) H vorzieht.[35]

Schauen Sie sich die dritte Zeile von Tabelle 1.3 an, mit der Präferenz von Spieler 1: L > G > H. Die einzigen möglichen Ergebnisse sind L und G.

1\2	**H>L>G**	**H>G>L**	**L>G>H**	**L>H>G**	**G>L>H**	**G>H>L**
L>G>H	L	G	L	L	*G*	*G*

Das exakte Ergebnis hängt vollkommen davon ab, ob Spieler zwei die Option L > G oder G > L wählt, egal an welcher Stelle H landet. Die große Frage ist, warum der Spieler, der L der Option H vorzieht, sich für die Reihenfolge L > G > H entscheiden könnte. Wenn der Spieler allein aufgrund der Kosten für die CO_2-Reduktion L > H wählt, ist L > G > H eine äußerst realistische Möglichkeit, wo G doch so billig ist. Dann landen wir gleich wieder beim Moratorium, falls man weltweit G in keinem Fall an erster Stelle sehen möchte. Das würde also bedeuten, Geoengineering zu verbieten und darauf zu hoffen, die Klimapolitik in eine produktive Richtung, also hin zu H, zu lenken.

Sollte der Spieler jedoch L > H wählen, weil er den Klimawandel nicht für ein Problem hält, das entschiedener Reaktionen bedarf, wird L > G > H weniger wahrscheinlich. Warum G riskieren, wenn der Klimawandel gar nicht so schlimm ist? Das führt uns zum dritten Szenario: L > H > G. Schauen Sie sich Zeile vier in Tabelle 1.3 für eine mögliche Entwicklung genauer an.

1\2	**H>L>G**	**H>G>L**	**L>G>H**	**L>H>G**	**G>L>H**	**G>H>L**
L>H>G	L	**H**	L	L	*G*	*G*

Am häufigsten gelangen wir immer noch zum Ergebnis L und G. Wenn der andere Spieler G an die erste Stelle setzt, gewinnt G. Es geht dann nur noch um das *Wann*, nicht um das *Ob*. Interessant ist jedoch, was passiert, wenn G *nicht* gewinnt, also scheinbar die Nicht-ob-sondern-wann-Logik verworfen wird. Vereinfachen wir dafür die Tabelle noch etwas weiter und klammern die ersten beiden Spalten, in denen G an erster Stelle steht, aus. Wir können die ersten vier Spalten mit der Reihenfolge L > H > G (Reihe vier in Tabelle 1.3) mit L > G > H (Reihe drei) vergleichen:

1\2	**H>L>G**	**H>G>L**	**L>G>H**	**L>H>G**
L>G>H	L	G	L	L
L>H>G	L	**H**	L	L

Wenn beide Spieler L an die Spitze wählen, gewinnt L. G beeinflusst diese Rechnung nicht sonderlich stark. Blenden wir noch zwei weitere Spalten aus, um die Spieler, die L auf Platz eins setzen, mit denen zu vergleichen, die H zuerst wählen. Das bringt uns zu genau vier möglichen Optionen:

1\2	**H > L > G**	**H > G > L**
L > G > H	L	G
L > H > G	L	**H**

In der ersten Spalte gibt es zwei Optionen, die L ergeben, nämlich wenn der Spieler, der H > L wählt, auch G an die letzte Stelle platziert. Das Spiel wird im Grunde zum altbekannten Gefangenendilemma, G beeinflusst die Entscheidungen nicht, L gewinnt.

Wir haben es fast geschafft, es gibt nur noch zwei mögliche Optionen.

Wenn G bei beiden Spielern in der Mitte landet, gewinnt G. Das entspricht gewissermaßen der Logik, dass die zwei Spieler sich einfach nicht einigen können, wie weit CO_2-Emissionen reduziert werden müssen, weshalb sie sich eher mit G zufriedengeben, als dem anderen Spieler seinen gewünschten Grad an CO_2-Reduktionen zuzugestehen. Ein entmutigender Ausblick, der überdies nach einer starken Steuerung des solaren Geoengineerings ruft – aber eben auch nicht die einzige Lösung.

Wenn G bei denen, die L der Option H vorziehen, hinter H landet, geht H plötzlich als Sieger hervor. Das trifft auch dann noch zu, wenn ein Spieler sich für L > entscheidet. Hier gilt: Die »Verfügbarkeit von riskantem [solarem] Geoengineering kann ein ehrgeizigeres Klimaschutzabkommen wahrscheinlicher machen.« So auch der Titel einer Arbeit, die ich zusammen mit dem damaligen Doktoranden Adrien Fabre verfasst habe und die genau dies darlegt.[36] Den Titel könnte man noch einmal umformulieren: Die bloße Verfügbarkeit des solaren Geoengineerings führt zu diesem Ergebnis. Zum Stichwort »riskant«: Je riskanter das solare Geoengineering, umso wahrscheinlicher ist dieses Ergebnis.

Die bloße Verfügbarkeit hilft uns aus dem Gefangenendilemma, dem Free-Rider-Problem. Es ist keine Garantie. Aber immerhin gibt es die folgende Option: Wenn G bei beiden Spielern direkt hinter H kommt, könnte G tatsächlich H herbeiführen. Das greift auch dann noch, wenn ein Spieler weiter L > H bevorzugt. Wenn G nicht nur schnell und billig, sondern auch höchst unvollkommen ist – selbst diejenigen, die L > H wählen, ziehen H der Option G vor und stellen es ganz hintenan –, könnte die bloße Verfügbarkeit von G dazu führen, dass die ansonsten uneinigen Parteien für H votieren.

So der Verlauf des Spiels, obwohl die Umstände von vornherein ungünstig für H waren. Wir erinnern uns an Tabelle 1.1 mit dem schwächsten Glied, das so gut wie sicherstellte, dass L gewinnt.

Wenn G ins Spiel kommt, ist L nicht länger eine gegebene Tatsache. Wenn G eine Option ist, ist der wahrscheinlichste Fall, dass sich G auch gegen alle durchsetzt. Wenn sich irgendjemand irgendwo für G entscheidet, wird es das Endergebnis dominieren. Somit wären die Regierungen gefordert, der Tendenz zum Übertreiben, Überstürzen und Einsetzen von nicht ausgereifte Lösungen Einhalt zu gebieten. (In Teil III werden wir den dringenden Bedarf nach stärkerer Steuerung genauer betrachten).

Solange G ausreichend riskant und unsicher ist, dürfte dies tatsächlich dazu führen, dass man H in Angriff nimmt. Ob sich vernünftig umgesetztes solares Geoengineering letztendlich positiv auf den Planeten auswirkt, liegt im Dunkeln. Wir wissen noch zu wenig darüber. Die entscheidenden Begriffe sind hier »riskant und ungewiss«, und für solares Geoengineering trifft beides zu. So gibt es viele Möglichkeiten, wie das Ganze aus dem Ruder laufen könnte.

2.
Was soll schon schiefgehen?

Stellen Sie sich vor, wir könnten die Sonne einfach per Knopfdruck um zwei Prozent dimmen. Die globale Durchschnittstemperatur würde genug sinken, um das gesamte mittlerweile in die Atmosphäre gepumpte CO_2 zu kompensieren, die Erde würde auf das Niveau des vorindustriellen Zeitalters abkühlen. Das allein wäre aus verschiedenen Gründen ein radikaler Schritt mit echten Risiken und Unsicherheiten. Würden wir die Sonne noch etwas weiter herunterdrehen, mindestens acht Prozent über einen Zeitraum von hundert Jahren, hätten wir am Ende eine »Schneeball-Erde«, da der Planet dann nicht mehr genügend Wärme speichern könnte, unkontrollierbar abkühlte, schließlich von Schnee und Eis bedeckt wäre und vollkommen zufröre, bis in Äquatornähe.[1] Die Erde, wie wir sie kennen, würde dann nicht mehr existieren.

Eine solche Schneeball-Erde hat es bereits gegeben. Sogar mehrmals während einer 200 Millionen Jahre andauernden Periode im Neoproterozoikum, das vor 750 Millionen Jahren begann.

Es mag zwar theoretisch möglich sein, genügend stratosphärische Aerosole in die untere Atmosphäre einzubringen, um die Sonne um acht Prozent oder stärker zu verdunkeln. Dies aber würde sofort bemerkt werden, und da die Konsequenzen ja allgemein bekannt sind, würde die Weltgemeinschaft sicher dagegen einschreiten. Es mag ein hübsches Gedankenexperiment für Glaziologinnen und Glaziologen sein, solche Szenarien durchzuspielen. Das könnte auch nützliche Erkenntnisse für realistischere Szenarien liefern, genau wie man in anderen Fällen Informationen über wahrscheinlichere Ereignisse gewinnen kann, wenn man ein Modell mit seinen extremsten Konsequenzen durchdenkt.

Aber über die »Schneeball-Erde« als mögliche Folge des solaren Geoengineerings sollte man sich nicht übermäßig den Kopf zerbrechen. Tatsächliche Risiken gibt es jedoch zuhauf. Die wohl bekannteste Auflistung der Gefahren stammt von Klimawissenschaftler Alan Robock, der vor allem für seine Forschung zu den Auswirkungen von Atomkriegen und Vulkanausbrüchen auf das Klima bekannt ist. 2008 verfasste er einen Artikel für das *Bulletin oft the Atomic Scientists* mit dem Titel »20 Gründe, warum [solares] Geoengineering vermutlich eine schlechte Idee ist.«[2] Gehen wir sie nacheinander durch.

1. Auswirkungen auf das regionale Klima

Einer der Vorteile des solaren Geoengineerings mit stratosphärischen Aerosolen ist seine globale Reichweite. Würde man sie am oder in der Nähe des Äquators einbringen – oder beispielsweise 15 Grad bzw. 30 Grad Nord *und* Süd –, würden sie sich innerhalb von Wochen um die ganze Erde verteilen und die Sonne nahezu gleichmäßig dimmen.[3] Aufgrund der atmosphärischen Strömungen, unterstützt von der Erdrotation, ist dies unumgänglich.

Es wäre allerdings verhängnisvoll, wenn man sich nur eine Hemisphäre vornimmt und die Aerosole nur sehr nördlich oder südlich vom Äquator einbringt, nicht auf beiden Seiten. Regionales solares Geoengineering könnte verheerende Schäden bei den Niederschlagsmustern und anderen Wettererscheinungen anrichten.[4] Das sollte man also tunlichst bleiben lassen. Menschliches Versagen (siehe Punkt 12 unten) ist das eine, Vorsatz eine ganz andere Hausnummer.

Die globale Reichweite der stratosphärischen Aerosole ist genau der Aspekt, der sie so attraktiv macht. Als der Vulkan Pinatubo im Juni 1991 auf den Philippinen ausbrach, gab er circa 20 Millionen Tonnen SO_2 in die untere Atmosphäre ab. Der Ausbruch geschah in Äquatornähe, fast genau 15 Grad Nord. Nicht ganz ideal, doch er zog eine einheitliche globale Abdunklung nach sich, welche die Durchschnittstemperatur der Erde für das darauffolgende Jahr um ein halbes Grad senkte. Auf dieses Beispiel aus der Natur wird oft verwiesen, um zu veranschaulichen, wie das solare Geoengineering funktionieren könnte. Keine perfekte Analogie zwar, aber nahe dran.

Der Vulkanausbruch auf den Philippinen scheint außerdem harmloser als der gewaltige Ausbruch des Tambora im April 1815, der 1816 zu einem »Jahr ohne Sommer« machte. Das wiederum zwang Mary Wollstonecraft Godwin, auch bekannt als Mary Shelley, einen Großteil ihres Schweizurlaubs im Haus zu verbringen und an *Frankenstein oder Der moderne Prometheus*, zu arbeiten. Und John William Polidori, einer ihrer Reisebegleiter, verfasste dort die Erzählung *Der Vampyr*, welche später als Vorbild für Bram Stokers *Dracula* diente. Nicht genug, dass der Vulkanausbruch für Frankenstein und Dracula Pate gestanden hatte, wurde ihm später auch noch die Ausbreitung der Cholera und des Opiumkonsums angelastet.[5]

Der Ausbruch des Pinatubo dagegen liegt noch nicht so lange zurück und liefert viel bessere Daten, die bereits in einigen Arbeiten analysiert wurden. (Im August 2018 tauchte der Begriff Geoengineering zum ersten Mal auf dem Cover der Zeitschrift *Nature* auf. Das Thema lautete: »Der Vulkanausbruch verweist auf die Risiken des solaren Geongineerings für die Landwirtschaft«.)[6]

Über den Pinatubo wurde bereits einiges geschrieben. Eines der Untersuchungsfelder befasste sich dabei mit den Auswirkungen auf das Klima verschiedener Regionen. Die Forschung orientiert sich dabei an einigen der Arbeiten, die sich mit dem guten alten Klimawandel und seinen Auswirkungen auf regionale Wetterphänomene befassen. Ja, es hat schon immer Fluten, Dürren, Stürme und Hitzewellen gegeben, aber moderne Statistikverfahren ermöglichen der heutigen Wissenschaft eine Einschätzung, wie wahrscheinlich ein bestimmtes Ereignis mit oder ohne Klimawandel eintritt. Ein beim Met Office, dem meteorologischen Dienst des Vereinigten Königreichs, angesiedeltes Team zur Klimaüberwachung und Zuordnung unter der Leitung von Peter Stott hat sich darauf spezialisiert und nun die ersten Schätzungen gewissermaßen in Echtzeit während größerer Extremereignisse erstellt.[7] Wenn man Extremwetterereignisse auf einen bestimmten Vulkanausbruch zurückführen möchte, steht man allerdings vor dem Problem, dass größere Ausbrüche so selten sind. Bei den wenigsten reicht die Austrittshöhe bis in die Stratosphäre. Daher tappen Statistikerinnen und Statistiker weiter im Dunkeln, und die direkte Zuordnung gestaltet sich sehr schwierig.

Trotzdem gibt es Hinweise darauf, wie der Ausbruch des Pinatubo die regionalen Klimata veränderte. Ein großes Problemfeld ist dabei der reduzierte Niederschlag.[8] Hier sind an erster Stelle der afrikanische und asiatische Monsun zu nennen, denn davon sind Milliarden Menschen direkt betroffen. Kein Monsun, keine Essen. Daher ist es nicht überraschend, dass ausgerechnet der Monsun in den Klimastudien zu den möglichen Einflüssen eines ungebremsten Klimawandels und des solaren Geoengineerings so präsent ist. Auch Robock hat sich intensiv mit diesem Phänomen auseinandergesetzt.[9] Ein Fazit lautet: »Das Einbringen von SO_2 in der Arktis würde nicht nur dort für einen kühlenden Effekt sorgen. Durch Schwefeldioxid-Injektionen in den Tropen oder in der Arktis würden der asiatische und afrikanische Sommermonsun ausbleiben, was den Niederschlag wie die Nahrungsversorgung von Milliarden Menschen beeinträchtigen würde.«[10] Daraus zieht er folgenden Schluss: »Diese regionalen

Klimaanomalien gehören zu der Vielzahl an Gründen, die gegen die Implementierung dieser Art von Geoengineering sprechen.«

Nimmt man jetzt noch ein paar Fachleute dazu, die Argumente gegen das solare Geoengineering zusammentragen, schreiben sich die Schlagzeilen wie von selbst. David Keith hält in *A Case for Climate Engineering* fest: »[…] linksorientierte Experten wie Arun Gupta argumentieren, dass eine technokratische Elite (hier führt er mich namentlich an) das Leben von Milliarden Menschen aus Profitgründen bedroht: ›In der Wissenschaft fürchten viele, dass der Monsun in Asien ausbliebe und mehr als einer Milliarde Menschen der Hungertod drohte, wenn man Sulfate in die Atmosphäre pumpen würde.‹«.[11] Gupta führt angebliche »Interessenskonflikte« an, daher Keiths Verweis auf die »Profitgründe«. Doch Gupta steht mit seiner Meinung nicht allein.[12]

Dieser Argumentationston ist wirklich unangenehm, und Keith widmet der Monsunfrage viel Zeit. Erst betont er, dass er Robock keinen Vorwurf macht, diese Problematik hervorzuheben, denn natürlich sind die Monsune wichtig. Das Gleiche gilt jedoch für den Kontext und damit für die richtige Einordnung von Dingen. Was Keith anschließend schreibt, lässt sich kaum besser ausdrücken. Hier eine kommentierte Version seiner wichtigsten Argumente. Er eröffnet folgendermaßen:

> *Setzt man Geoengineering leichtsinnig ein, könnte Milliarden von Menschen in der Tat der Hungertod drohen. Guptas Darstellung lässt jedoch* alle *bisherigen Studien unbeachtet (einschließlich die Robocks), die nahelegen, dass der angemessene Einsatz von Geoengineering die Klimarisiken für die asiatische Landwirtschaft verringern könnte.*

Dem bleibt nicht viel hinzuzufügen, außer dass es hier sehr auf den »angemessenen Einsatz« ankommt. Ein längerfristiger unerkannter und *un*angemessener Einsatz oder einfach »menschliches Versagen« (siehe Punkt 12) könnten bleibende Schäden verursachen. Man muss all dies aber unabhängig vom Potenzial *angemessenen* solaren Geoengineerings betrachten. Zöge selbst ein angemessener Einsatz verheerende Schäden nach sich, bräuchte man gar nicht erst darüber sprechen. Sollte es jedoch einen positiven Effekt geben – vielleicht sogar einen großen –, dann lohnt es sich schon, dem weiter nachzugehen.

> *Erstens zeigen die meisten Modelle des Klimawandels eine schädliche* Zunahme *der Niederschläge in der asiatischen Monsunregion (man denke an Überschwemmungen und Schlammlawinen). Wenn Geoengineering diesen Anstieg der Niederschläge bremsen oder stoppen kann, bringt es einen Nutzen, keinen Schaden.*

Und genau das ist der entscheidende Punkt. Solares Geoengineering, das den Niederschlag verringert, wäre nur ein Problem, wenn es isoliert eingesetzt wird. Der Grund, warum wir überhaupt von solarem Geoengineering sprechen, ist ja gerade der ungebremste Klimawandel. Das Ziel ist schließlich, den Zustand, bevor die Menschheit Milliarden Tonnen CO_2 in die Atmosphäre geblasen hat, wiederherzustellen. Da *angemessenes* solares Geoengineering genau das ermöglicht, kann man es schwerlich kritisieren, zumal ein Rückgang bei den Niederschlägen ja auch einen Gesamtnutzen hätte.

> *Zweitens muss ein Rückgang der Niederschläge nicht unbedingt Dürren verursachen. Der Anteil an Oberflächenwasser in Böden oder Flussabläufen hängt von der Balance zwischen Niederschlag und Verdunstung ab.*

»Muss nicht« ist hier das entscheidende Stichwort. Wobei sich natürlich die Frage stellt, ob *angemessenes,* maßvolles und vorsichtig eingesetztes sowie gut gemanagtes solares Geoengineering den

Monsun wieder näher an das vorindustrielle Level heranrücken lässt. Wenngleich Keith hier den wichtigen Zusatz »Niederschlag minus Verdunstung« bringt und nicht nur den Niederschlag allein betrachtet, ist seine Argumentation hier am schwächsten und Robocks Einwand gerechtfertigt. Keith fährt fort:

> *In einem Klima mit erhöhten Kohlendioxidwerten, in dem die Temperaturen durch Geoengineering auf vorindustriellem Niveau gehalten werden, gibt es weniger Niederschläge und weniger Verdunstung, ungewiss ist aber, ob es auch zu verstärkter Trockenheit kommt.*

All das ist wahr – und ziemlich beunruhigend. 1.000 minus 1.000 ergibt dasselbe wie 100 minus 100, aber was ist, wenn etwas mit einer der Minus-Rechnungen nicht stimmt? Dann gerät auch das Gleichgewicht ins Wanken. Gibt es einen großen Unterschied bei der Gesamtänderung – von 1.000 auf 100 –, dann gibt es auch reichlich Raum für Fehler. Bietet sich für den Vergleich anstatt 1.000 minus 1.000 eher 990 minus 990 an, sinkt auch das Fehlerpotenzial. Kaum etwas im Zusammenhang mit dem Klimawandel ist so einfach. Keith zieht daraus folgenden Schluss:

> *Bevor man diese Behauptung aufstellt, muss man eine Analyse durchführen.*

Dem ist nichts entgegenzusetzen, das gilt für beide Seiten.

> *Drittens übersehen die Kritiker hier eine Tatsache. Extremwetterereignisse wie Dürren oder Überflutungen hängen von der Intensität des Wasserkreislaufs insgesamt ab.*

Die gute alte Diskussionstechnik, bei der die größte Schwäche in eine angebliche Stärke verwandelt wird: Ja, wenn man 1.000 minus 1.000 entweder mit 990 minus 990 oder 100 minus 100 gleichsetzt, muss man sehr darauf vertrauen, dass auch auf beiden Seiten der Gleichung das Gleiche abgezogen wird – etwas, das noch weiter untersucht werden muss. Aber was, wenn 990 minus 990 oder besonders 100 minus 100 schon von vornherein besser ist?

Es ist bekannt, dass selbst ein kleiner Anstieg der globalen Durchschnittstemperaturen zu einem starken Anstieg von extremen Ereignissen führen kann. Man stelle sich eine Glockenkurve vor, die sich etwas nach rechts neigt. Über einem bestimmten Schwellenwert steigt die Wahrscheinlichkeit für Extremereignisse viel schneller als im Durchschnitt.[13]

An dieser Logik gibt es nichts zu bemängeln, und trotzdem ist Keiths Behauptung eher gewagt. Denn im Grunde sagt er hier, dass die natürliche Intensität des Wasserkreislaufs bereits nicht ideal war, bevor der Klimawandel seinen Einfluss geltend machte. Da mag etwas dran sein, denn auch bevor der Klimawandel die Dinge auf die Spitze trieb, gab es bereits Extremwetterereignisse. In einer Welt *ohne globale Erwärmung* plus *viel* CO_2 plus *solares Geoengineering* könnte es tatsächlich weniger Niederschlag und weniger Verdunstung geben, als es in einer Welt ohne Klimawandel, ohne überschüssiges CO_2 und ohne solares Geoengineering der Fall wäre. Möglich – und vielleicht sogar erstrebenswert.

Doch mit dieser Aussage geht auch ein klares Werturteil einher, nämlich, dass das solare Geoengineering uns ein höheres Maß an Freiheit ermöglicht, uns für eine *bessere* Welt als die jetzige zu entscheiden. Keith ist sich natürlich klar darüber, dass es dieses höhere Maß an Freiheit nicht gibt, wie ihm auch das starke Werteurteil in dieser Gleichung bewusst ist.

Es ist leicht verständlich, warum Robock und andere sich mit all dem keineswegs wohlfühlen. Ich zähle mich selbst dazu (ebenso wie Keith und jede andere mir bekannte Person, die sich mit dem Geoengineering beschäftigt). Es ist alles andere als leicht verdaulich, und die Klimawissenschaft muss auf jeden Fall den Philosophen, Ethikern und dem Rest der Menschheit Raum in der Debatte geben, denn mit technokratischem Denken allein ist es nicht getan. Doch dazu später mehr. Hier noch Keiths Schlussbemerkung:

> *Zu guter Letzt deuten die bisherigen Modelle darauf hin, dass angemessen eingesetztes Geoengineering die Nahrungsmittelversorgung in Asien und Afrika durch Verringerung des Hitzestresses – der als eine der wesentlichen Ursachen für Ernteverluste in einer wärmeren Welt gilt – während der frühen Vegetationsperiode beträchtlich erhöhen könnte.*

Endlich Belege! Das meine ich jetzt gar nicht ironisch, denn auf diese Art Belege kommt es natürlich an. Es handelt sich um eben jene Modelle, die uns gezeigt haben, dass der Klimawandel schädlich ist, dass er menschengemacht ist und – wie hier ausgeführt – dass die Ernteerträge bei ungebremstem Klimawandel deutlich zurückgehen werden. Hieran gibt es keinen Zweifel. Wenn man der Klimawissenschaft vertraut – und zwar nicht zuletzt aufgrund dieser Art von Modellbeweisen –, dann kann man auch schwerlich grundlegende Kritik an dem Schluss äußern, dass zum Beispiel die Ernteerträge in einem Szenario mit angemessenem solaren Geoengineering zunehmen werden.

Dies sollte man weiter analysieren.

Am wichtigsten ist ein Grundvertrauen in die Wissenschaft,[14] andernfalls bleibt wenig zu sagen. Umgekehrt gibt es wenig hinzuzufügen, außer dass es keinen Grund gibt, dem gesamten Wissenschaftsgebäude zu misstrauen. Blindes Vertrauen ist natürlich auch nicht hilfreich, nicht jede Studie taugt etwas, und selbstverständlich wäre es falsch, die Zukunft des Planeten an den Ergebnissen einer einzigen Studie festzumachen. In der Wissenschaft geht es chaotisch zu, Fortschritte erfolgen in Schüben. Und manchmal – oder sogar häufig – gibt es Wendungen, die sich als falsch herausstellen. Meist ist es kein schöner, gerader Weg zur reinen Wahrheit. Ergebnisse bereits existierender Studien werden aktualisiert, verbessert oder widerlegt. Gelegentlich werden Studien auch zurückgezogen, wenn im Nachhinein betrügerische Absichten oder Schlimmeres ans Tageslicht kommen. Das ist der Punkt: Im Großen und Ganzen räumt die Wissenschaft selbst bei sich auf.

Die Wissenschaft macht Fortschritte auf Basis der Vorarbeit bedeutender Koryphäen, aber auch durch Hinweise auf die Fehler in der Arbeit anderer Kollegen. Dabei haben die verschiedenen Disziplinen jeweils eine eigene Kultur für den Umgang mit eben diesen Fehlern. Bei manchen geht es höflich zu, bei anderen überhaupt nicht.

Das wichtigste Argument, um der Klimawissenschaft an sich und dem daraus resultierenden Konsens zur Klimaentwicklung Glauben zu schenken, ist vielleicht, dass niemand einen grundlegenden Fehler gefunden hat, der dieses Gebäude zum Einsturz gebracht hätte. Natürlich gibt es kleinere und manchmal nicht ganz so kleine Diskussionen, wo ein unvoreingenommener Blick zusammen mit einem wachen Verstand, meist in Verbindung mit einer ordentlichen Portion Entschlossenheit und Fleiß, neue Einsichten bringt und die Koryphäen in Staunen versetzt. Aber insgesamt ist der wissenschaftliche Konsens zum Klima eindeutig.

Und ja, es gibt ein eigenes Forschungsfeld namens *Science and Technology Studies* oder *Science, Technology and Society* (beides abgekürzt STS), also Wissenschafts- und Technikforschung, das sich ausschließlich mit wissenschaftlichen Projekten, den unterschiedlichen Motivationen und persönlichen Interessen befasst sowie damit, wie das daraus generierte Wissen, das nie in einem Vakuum entsteht, die Politik und unseren Alltag beeinflusst oder wirkungslos verpufft.[15] (Lange Sätze sind tatsächlich typisch für diese Disziplin.)

So weit meine persönlichen Betrachtungen zu der Wissenschaft und zu meinem Metier.

Natürlich klärt dieser eine letzte Absatz von Keiths Argumentation die Dinge nicht abschließend, sondern kann höchstens als erster Schritt betrachtet werden, als Appell, weiter zu forschen. Keith bezieht sich in diesem Abschnitt nur auf eine einzige Studie,[16] an der Ken Caldeira – der selbst eng mit Keith zusammenarbeitet – von der Stanforder Carnegie Institution for Science beteiligt war. (Keiths und Caldeiras Geoengineering-Forschung wird von Bill Gates gefördert. Beide beraten Gates zu Energie- und Klimafragen. Caldeira hat inzwischen seinen langjährigen wissenschaftlichen Arbeitsplatz Stanford verlassen, um Vollzeit für Gates zu arbeiten. Auch in der Wissenschaft geht es eben auch darum, wen du kennst und wer dich kennt – was jedoch nicht am Vertrauen in die Wissenschaft an sich rütteln sollte. Denn der Wissensgewinn steht immer noch über allem, was aus der Wissenschaft ein sich selbst korrigierendes System macht.)

Es ist auch sehr aufschlussreich, wie Keith die möglichen Folgen beschreibt: Das solare Geoengineering könnte die Nahrungsmittelversorgung, sofern *»angemessen«* verwendet *(von mir hervorgehoben)*, *»beträchtlich erhöhen«*. Wieder einmal ist der *»angemessene«* Einsatz der entscheidende Punkt. Menschliches Versagen könnte diese Annahme jedoch auf den Kopf stellen (siehe Punkt 12 unten). Doch was noch viel wichtiger ist: Wir sind jetzt wieder bei der Frage angekommen, wer überhaupt entscheidet, was als angemessen gilt. Denn darüber dürfte es die unterschiedlichsten Meinungen geben. Womöglich legen diejenigen, die den Ernteertrag in Asien maximieren wollen, einen anderen Maßstab an als diejenigen in Afrika. Vielleicht kollodiert die Maximierung der Ernteerträge auch mit anderen Prioritäten. Schauen Sie sich außerdem an, wie hier mit »Verringerung des Hitzestresses … während der frühen Vegetationsperiode« in Asien und Afrika argumentiert wird; eine Aussage, die sich auf den wissenschaftlichen Konsens stützt, dass Hitzestress *»eine der wesentlichen Ursachen für Ernteverluste in einer wärmeren Welt«* ist. Das ist schon richtig, aber wie sieht das im Vergleich mit anderen, möglicherweise damit kollidierenden Auswirkungen aus? (Mehr dazu unter Punkt 4, »Auswirkungen auf die Pflanzen«, wo wir das zuvor erwähnte Cover der Nature zu den Folgen des Pinatubo-Ausbruchs auf die weltweiten Ernteerträge unter die Lupe nehmen.)[17]

Wer hat denn nun auf der Grundlage unseres heutigen Wissensstandes recht? Robock, der die potenziell negativen Auswirkungen des solaren Geoengineerings auf den Monsun hervorhebt und so manche beunruhigende Schlagzeile liefert? Oder Keith mit der Argumentationskette, die er ihm entgegenhält? Meine Antwort mag nicht sonderlich befriedigend sein: beide. Und das sage ich nicht, weil ich mit Keith zusammengearbeitet habe und Robock sowie seine Arbeit schätze.

All das geht weit über die Wissenschaft an sich hinaus. Es ist das eine, diese Fragen in einem Duell der wissenschaftlichen Publikationen auszutragen und dabei zu versuchen, die Arbeit des anderen zu verbessern. Etwas ganz anderes ist es, wenn Robock seinem Beitrag den Titel *20 Gründe, warum Geoengineering vermutlich eine schlechte Idee ist* gibt und Keith seinem Aufsatz den Titel *A Case for Climate Engineering* (Plädoyer fürs Klima-Engineering). Diese Titel an sich sprechen natürlich schon Bände, und das gilt auch für den Kontext, in dem sie veröffentlicht wurden. Man möchte eindeutig ein größeres Publikum erreichen als nur die Leser von Fachzeitschriften.

Lassen wir einmal die Art und Weise beiseite und betrachten den größeren Zusammenhang, der sogar weit über den Einfluss des solaren Geoengineerings auf Monsun oder Ernteerträge hinausgeht. Man kann es nicht oft genug sagen: Die Auswirkungen des solaren Geoengineerings lassen sich nur angemessen beurteilen, wenn man sie vor dem Hintergrund der bereits existierenden Klimaentwicklungen einordnet.

Isoliert betrachtet wirkt (solares) Geoengineering vollkommen irre. Warum sollte man eine Art globalen Thermostat entwickeln, wenn man damit kein reales Problem angehen möchte? Wenn man diese grundlegende Frage im Hinterkopf hat, dann sieht das (solare) Geoengineering in der Tat gleich völlig anders aus. Damit lässt sich auch die Motivation erklären, aus der sich Forschende überhaupt mit dem Thema befassen – und teilweise auch ihre Ergebnisse, wie etwa die zu den Einflüssen auf das regionale Klima.

Übersetzt man dies wieder in eine einfache Gleichung, darf man den Vergleich nicht zwischen einer Welt ohne Klimawandel und einer mit solarem Geoengineering ziehen. Nein, es geht um *keine globale Erwärmung* auf der einen Seite und *kein Klimawandel + viel* CO_2 *+ solares Geoengineering* auf der anderen. Wobei man die ersten beiden Elemente besser unter dem Stichwort *ungebremster Klimawandel* zusammenfasst. Uns bleibt nicht länger die Wahl, nicht zu viel CO_2 anzuhäufen, denn das ist bereits geschehen.

Noch präziser wäre es, die Gleichung um die anderen Elemente der Klimapolitik zu erweitern. Also *massive* CO_2*-Reduktion* (Abmilderung) sowie der richtige Umgang mit dem jetzigen Zustand *(Anpassung)* und *Kohlendioxidentfernung.* »Mathematisch« bedeutet das:

ungebremster Klimawandel + aggressive-CO_2*-Reduktion*
+ Anpassung + Kohlendioxidentfernung
+ solares Geoengineering

verglichen mit

kein Klimawandel.

Das ist ein komplexer Balanceakt mit vielen dynamischen Elementen. Im Grunde herrscht ja große Uneinigkeit über den Status quo – darüber, was genau die ungebremste globale Erwärmung denn umfasst. Man denke an die endlosen Debatten über

Emissionsszenarien sowie sogenannte »repräsentative Konzentrationspfade«, über die Kaya-Identität, die verschiedenste Aspekte von der Wirtschaftsaktivität über Emissionen aufgliedert, sowie über Hunderte, wenn nicht Tausende wissenschaftliche Abhandlungen, die den Lauf der Dinge erläutern.[18] Die *Kohlendioxidentfernung* und vielleicht in erster Linie das *solare Geoengineering* können nur holistisch als Teil dieser breiteren Palette an Zukunftsszenarien betrachtet werden.

Die Ermittlung globaler Durchschnittswerte ist schwierig genug, und der Versuch, regionale Auswirkungen auf den Klimawandel anzugehen, ist auch nicht einfacher. Der erste Versuch eines umfassenden Überblicks über die Modellierungsliteratur und die speziellen Modelle zur Beantwortung solcher regionalen Fragen erschien 2019 in der Zeitschrift *Nature Climate Change.*[19] Der Hauptautor des Papers, Peter Irvine, war damals Postdoktorand in Keiths Forschungsgruppe. (Eine Zeit lang lag mein Büro in Harvard direkt zwischen dem von Keith auf der einen Seite und dem von Irvine und einem Kollegen auf der anderen. Ich werde neben Ken Caldeira in der Danksagung des Papers genannt. Wie klein die Welt doch ist.)

Die Arbeit analysiert ältere Modellierungsversuche der Klimadarstellung inklusive solarem Geoengineering und präsentiert einen spezifischen Versuch, den drei der Mitautorinnen und -autoren mithilfe eines Modells von Princetons Global Fluid Dynamic Lab durchführten. Es zeichnet sich dadurch aus, dass es regionale Klimaeffekte besonders gut aufschlüsseln kann und außerdem in der Lage ist, Stärke und Häufigkeit tropischer Wirbelstürme zu modellieren.

Der Titel der Abhandlung fasst die Ergebnisse gut zusammen: »Die Halbierung der Erwärmung mithilfe von idealisiertem solaren Geoengineering mildert größte Klimarisiken.« Schon an dem Wort »Halbierung« erkennen wir, in welcher Weise das solare Geoengineering als Teil der Klimapolitik gesehen wird. Früher sah man den *ungebremsten Klimawandel* oft als gegeben an und wälzte alles auf das *solare Geoengineering* ab, um die Ergebnisse dann *keinem Klimawandel* gegenüberzustellen. Das würde in vielerlei Hinsicht einen extremen Einsatz des solaren Geoengineerings bedeuten, volle Kraft voraus. Doch hier haben die Autorinnen und Autoren eine Teilung vorgenommen: In der einen Hälfte des Papers geht es um *aggressive* CO_2*-Reduktion*, in der anderen um *solares Geoengineering*. (In vielfacher Weise ist es genau das, was Keiths und Irvines Paper von 2016 mit einem prophetischen Titel als »Forschungshypothese für das nächste Jahrzehnt« ankündigte.)[20] Das in dem Paper erforschte Modell nimmt sich ein Szenario vor, das zunächst von einer Verdopplung der Menge an CO_2 in der Atmosphäre ausgeht. Der Ausgangspunkt für den *ungebremsten Klimawandel*, der die globale Jahrestemperatur um circa zwei Grad hochtreiben wird. Dann wird der sich daraus ergebende Temperaturanstieg mithilfe des »idealisierten« *solaren Geoengineering*s halbiert.[21]

Diese »Idealisierung« ist eine Vereinfachung. Das Modell zeigt tatsächlich nicht genau, was im Falle einer Injektion von stratosphärischen Aerosolen geschehen würde. Stattdessen nähert es sich diesem Effekt an, indem es von einer gedimmten Sonne ausgeht, was ungenügend ist und seine eigenen Tücken mit sich bringt. So gehen die meisten Modelle dieser Art vor – und ja, die Ergebnisse sind inzwischen anhand eines Modells bestätigt worden, das an diesem Punkt nacharbeitet.[22] Anschließend werden in dem Paper riesige Mengen an Daten analysiert und aufgeschlüsselt, was Grad für Grad, entlang der Längen- und Breitengrade auf der ganzen Welt geschehen würde. Dabei ist eine Variable besonders interessant, nämlich die globale Oberflächentemperatur in den jeweiligen Regionen und Szenarien. Das ist natürlich Standard.

Es ist ein Kinderspiel zu beweisen, dass das solare Geoengineering gut die globalen Durchschnittstemperaturen senken kann – denn dafür ist es ja gedacht. Etwas überraschend ist vielleicht, dass es Teilchen für Teilchen geschieht, aber wenn die globale Erwärmung fast überall die Temperatur hochregelt, dürfte ein Herunterregeln der Sonne das Gegenteil bewirken. In der Studie zeigt sich etwas Ähnliches bei Temperaturextremen: Auch die jährliche Maximaltemperatur sinkt in diesem Ansatz, wobei die eine Hälfte der Senkung durch das solare Geoengineering, die andere durch massive CO_2-Einschränkungen erreicht wird. Das ist vielleicht kein ganz so offensichtlicher Prozess, aber alles in allem keine große Überraschung. Wenn man die Sonne dimmt, gibt es auch weniger extreme Hitze.

Was mit den Niederschlägen minus Verdampfung passiert, ist da schon etwas spannender. Wie es auch schon bei Keith heißt, kommt es nicht nur auf den Niederschlag an sich an, sondern auf die beiden Elemente in Kombination. (Den Niederschlag isoliert zu nennen, wäre bereits irreführend. Vielleicht würde das ja Schlagzeilen machen, doch es ist die falsche Messgröße.) Die letzte in einer Vielzahl an Modellversuchen analysierte Variable hängt direkt mit extremen Wetterphänomenen wie tropischen Wirbelstürmen und dem Monsun zusammen: maximaler Niederschlag über den Verlauf von fünf Tagen innerhalb eines Jahres. Nicht perfekt, da schließlich nichts für sich allein steht. Aber es gibt einen annähernden Eindruck von der Intensität eines tropischen Wirbelsturms.[23]

Als Hauptaussage der Studie lässt sich zusammenfassen, dass bei allen vier Dimensionen der zusätzliche (idealisierte) Einsatz des solaren Geoengineerings die Welt eher wie eine ohne Klimawandel aussehen lässt. Außerdem gelten diese Ergebnisse nahezu auf der ganzen Welt: An den meisten Orten sieht es bei Einsatz des solaren Geoengineerings eher aus wie ohne Klimawandel.

Am wichtigsten für die regionalen Klimaauswirkungen ist, was – nun ja – regional geschieht. Wenn zum Beispiel alle Klimamodelle darin übereinstimmen, dass 90 Prozent der Welt mit solarem Geoengineering besser dran wären, sich dann aber herausstellt, dass der asiatische Monsun in den verschiedenen

Modellläufen durchweg wesentlich schwächer ausfällt, wäre das ein ernsthaftes Warnsignal. Doch das ist hier nicht der Fall.

Sicher, die Analyse kann nur Aussagen über die »meisten« Orte auf der Karte treffen. Doch der Rest wird im Großen und Ganzen nicht schlechter dastehen. Die Statistik kann darüber keine Aussage treffen, die Veränderungen sind zu gering. Der springende Punkt ist hier jedoch, dass bei den Modellläufen *unterschiedliche Einschätzungen darüber gibt,* wo sich diese Orte befinden. Auf den ersten Blick mag das beunruhigend wirken, denn wenn hier keine Übereinstimmung herrscht, warum sollte man sich dann überhaupt mit den Modellen befassen?

Nun, man schaut sich natürlich nicht die globalen Klimamodelle an, wenn man sich für die Temperaturen im Londoner Zentrum vom 1. Januar 2100 interessiert. Das können Klimamodelle nicht leisten. Aber wenn 90 Prozent der Klimasimulationen zeigen, dass in 90 Prozent der Zeit die Temperaturen im Süden Englands im ersten Jahrzehnt des nächsten Jahrhunderts durchschnittlich signifikant höher als heute sein werden, können wir sicher sagen, in welche Richtung uns der ungebremste Klimawandel führen wird. Wenn diese Modelle dann noch zeigen, dass es im bereits heißen Südindien noch viel wärmer wird, inklusive vieler extrem heißer Tage, ist dies ein sicheres Indiz, dass dieser ungebremste Klimawandel nichts Gutes verheißt.

Ähnlich können uns die Modellversuche, die eine *massive CO_2-Reduktion + solares Geoengineering* beinhalten, nicht zeigen, wie der 1. Januar 2100 in London oder Chennai aussehen wird. Aber wenn 90 Prozent der Modelle sagen, dass sowohl Südengland als auch Südindien sich einem Zustand wie ohne den Klimawandel annähern, dürfte das die Gewissheit erhöhen, dass solares Geoengineering das Potenzial hat, etwas Gutes zu bewirken. Und das ist es im Grunde, was in dem Paper von Keith und Irvine steht. Für sich genommen ist das natürlich kein eindeutiger Beweis dafür, dass solares Geoengineering »gut« ist.

Für sich genommen kann keine Abhandlung das leisten, denn so funktioniert die Wissenschaft nicht. Andererseits – auf die Gefahr hin, es mit der Verneinung zu übertreiben – wird hier nicht ausgeschlossen, dass das solare Geoengineering auch negative Effekte haben könnte. Nirgends lässt sich herauslesen, ob es sich positiv oder negativ auf den Monsun auswirken würde, egal ob in Asien oder Afrika. Nirgends wird deutlich gemacht, dass das solare Geoengineering mit Sicherheit eine gute Idee wäre. Trotzdem sollte dieses Paper zumindest jene überzeugen, die sich vor allem wegen der ersten von Robocks 20 Gründen, »warum [solares] Geoengineering vermutlich eine schlechte Idee ist«, Sorgen machen. »Vermutlich« ist hier das entscheidende Stichwort. Vermutlich – oder eben auch nicht. Die neuesten Erkenntnisse aus der bislang umfassendsten Analyse dieser Art deuten auf Letzteres hin.[24]

2. Fortschreitende Versauerung der Meere

Auch das ist eine Tatsache, der es wenig hinzuzufügen gibt. Zumindest wenn es um Schwefelaerosole geht. Eine der gravierenderen – und oftmals übersehenen – Folgen des Klimawandels ist die Versauerung der Meere. Wie Robock schreibt: »Eine fortschreitende Versauerung ist eine Gefahr für das gesamte ozeanische System, von Korallenriffen bis hin zum Menschen.«[25] Dem ist zuzustimmen, und das ist ein wichtiger Grund, warum es erst *massive CO_2-Reduktionen* geben muss. Auch die *Kohlendioxidentfernung* könnte hier eine Menge bewirken – mehr als nahezu alles andere.

Hier möchte ich als kleine Warnung ein Beispiel aus meiner eigenen Erfahrung anführen, das aber zeigt, dass auch Twitter manchmal nützlich sein kann. Als ich nach Harvard ging, um mit David Keith direkt am solaren Geoengineering zu forschen, kamen wir in einer unserer ersten Unterhaltungen überein, dass es höchste Zeit sei, mit einigen der vorherrschenden Vorurteile aufzuräumen. Dabei fiel mehr als einmal das Wörtchen »Nonsens«, weil selbst einige renommierte Forschende Ansichten vertreten, die einfach falsch oder zumindest vollkommen überholt sind.

Das gilt etwa für die Behauptung, dass das solare Geoengineering »keinen Beitrag zu einer Reduktion der Ansammlung von atmosphärischem CO_2 leistet«. Dieser Satz ist nicht einfach nur ein dahingesagter Kommentar, er stand 2015 an prominenter Stelle in einem Bericht der U. S. National Academy of Science zum solaren Geoengineering.[26] Was nicht nur zeigt, dass auch Berichte dieses Kalibers Fehler enthalten können, doch vor allem Keith sah darin einen Beleg für eine tiefergehende Voreingenommenheit. In diesem namhaften Gremium hatte anscheinend keiner diese Aussage angezweifelt oder ihr übermäßige Bedeutung beigemessen – oder beides. Ignoranz *und* Apathie sind nie eine gute Kombi.

Wir veröffentlichten dann einen Kommentar in der *Nature Climate Change* unter einem Titel, der schon alles sagt: »*Solares Geoengineering reduziert die atmosphärische Kohlenstoffbelastung*«.[27] In dem Text heißt es weiter: »Solares Geoengineering reduziert die Kohlenstoffbelastung und daher die Versauerung der Meere.« Der erste Teil dieser Aussage ist korrekt, der zweite sollte sich als falsch herausstellen.

Das solare Geoengineering reduziert das atmosphärische CO_2, hauptsächlich über einen sehr wichtigen Kanal: die Rückkopplung des Kohlenstoffkreislaufs. Würde man das solare Geoengineering einsetzen, um die globalen Durchschnittstemperaturen zu stabilisieren, und trotzdem weiter riesige Mengen an CO_2 in die Atmosphäre pumpen (all das ist weder realistisch noch erstrebenswert) –, dann würde das solare Geoengineering tatsächlich die Rückkopplung des Kohlenstoffkreislaufs ausschalten. In einem noch heißeren Klima würde noch mehr Kohlenstoff aus den terrestrischen Ökosystemen in die Atmosphäre gelangen. Dieser Prozess würde dann gestoppt.

Ein zweiter potenziell wichtiger Kanal betrifft die Emissionen aus dem schmelzenden Permafrost. Auch diese könnte man bei gleichbleibenden Temperaturen trotz massiver CO_2-Emissionen stoppen. (Der dritte und letzte Mechanismus, den wir analysiert haben, ist zwar interessant, aber insgesamt relativ unbedeutend: Es hat sich herausgestellt, dass mit fossilen Brennstoffen laufende Verbrennungsmotoren generell bei kühleren Temperaturen effizienter arbeiten. Wenn man die Temperaturen unten hält, vermeidet man also auch zusätzliche CO_2-Emissionen.)

Mit unserer Analyse wollten wir natürlich hauptsächlich mit dem gängigen Vorurteil aufräumen, dass das solare Geoengineering nicht zur Reduktion des atmosphärischen CO_2 beitrüge. Den Abschnitt zur Versauerung der Meere hatten wir noch in letzter Minute eingefügt – und er stellte sich als falsch heraus. Das erfuhr ich von Kate Ricke, Klimawissenschaftlerin an der University of California, San Diego, als ich unseren Artikel in der *Nature Climate Change* auf Twitter erwähnte. Das solare Geoengineering reduziert das Atmosphären-CO_2 an zwei Stellen, nämlich über die Aufnahme durch die Erde *und* durch die Ozeane. Die Aufnahme durch Landmassen verringert die Übersäuerung der Ozeane, doch die Aufnahme über die Meere trägt dazu bei. Im Schnitt, so Ricke, »kommt es aufs Gleiche heraus«.[28]

Merke also: Beim Ausräumen althergebrachter Vorurteile sollte man es nicht übertreiben und selbst falsche Aussagen produzieren. Solares Geoengineering mit stratosphärischen Aerosolen verringert nicht die Ozeanversauerung. Robock hat Recht. Wir müssen die CO_2-Emissionen reduzieren, und zwar massiv.

3. Ozonabbau

Auch dies ist eine wichtige und berechtigte Sorge. Der Rückgang des stratosphärischen Ozons, der insbesondere über der Antarktis zum »Ozonloch« führt, ist einerseits ein bekanntes globales

Umweltproblem, andererseits eine der wenigen Erfolgsgeschichten der globalen Umweltpolitik. Die Sorgen um das Ozonloch sind auch eng mit der Geschichte des solaren Geoengineerings verbunden. Nicht zuletzt, weil Paul Crutzen, der im Jahr 2006 mit dem langjährigen Verdikt gegen die Erforschung des solaren Geoengineerings brach, 1995 den Chemie-Nobelpreis für seine Arbeit über stratosphärisches Ozon erhielt.

Dank des 1987 verabschiedeten Montrealer Protokolls erholt sich die Ozonschicht langsam. In Argentinien erblinden keine Schafe mehr, Menschen in Australien erkranken nicht mehr so schnell an Hautkrebs. Eine echte Erfolgsgeschichte der globalen Umweltpolitik inklusive völkerrechtlichem Vertrag, unterzeichnet von niemand Geringerem als der Reagan-Regierung.[29] (Mit einem großen Haken: Montreal regelt den Umgang mit Fluorchlorkohlenwasserstoffen (FCKWs) und teilhalogenierten Fluorchlorkohlenwasserstoffen (H-FCKWs). Entscheidende Innovationen von DuPont haben zur Folge, dass teilhalogenierte Fluorkohlenwasserstoffe (H-FCKWs) als Alternativen zu FCKW und H-FCKW eingesetzt werden. Aber leider haben auch H-FCKWs ein hohes Treibhauspotenzial. Die gute Nachricht und eine ganz eigene Erfolgsgeschichte der Umweltpolitik ist die 2016 in Kigali vereinbarte Änderung des Montrealer Protokolls, die auch die Verwendung von H-FCKWs reguliert.)

Sulfatbasierte stratosphärische Aerosole reflektieren einen Teil des Sonnenlichts zurück. Doch sie sind auch säurehaltig, was wiederum zur Dezimierung des stratosphärischen Ozons beiträgt oder zumindest seine Erholung verlangsamt. Hier besteht also ein wichtiger Zielkonflikt, mit dem sich aber nicht nur Crutzen befasst hat. Zahlreiche andere Atmosphärenchemikerinnen und -chemiker haben über Jahre hinweg zur Ozonchemie geforscht. So etwa der Harvarder Chemiker Jim Anderson, der mit seiner Arbeit vielleicht am klarsten den menschlichen Beitrag zur Zerstörung des stratosphärischen Ozons belegt hat. Das gelang ihm, indem er in der zivilen Version des U-2-Spionageflugzeugs, der ER-2, Instrumente auf die Reise schickte, um die direkte Zusammensetzung der Stratosphäre zu messen.[30]

Aus der Harvarder Anderson-Gruppe ist mittlerweile die Anderson-Keith-Keutsch-Gruppe geworden. Also wieder David Keith, der zuvor auch Postdoc in Andersons Labor war, und Frank Keutsch, ein Atmosphärenchemiker, der sich ganz auf solares Geoengineering spezialisiert hat. Am Anfang konzentrierten sich Keith und Keutsch in ihren Gesprächen nur auf das Ozonproblem. Keutsch, Chemiker durch und durch, erinnert sich noch daran, wie er das Periodensystem zückte – zumindest im übertragenen Sinne – und die Elemente durchging, die ähnliche optische Eigenschaften wie Sulfataerosole haben, sich aber nicht negativ auf die Ozonschicht auswirken würden.

Das Ergebnis ihrer Arbeit ist ein Paper mit dem Titel »Stratosphärisches solares Geoengineering ohne Ozonverlust.«[31] Das Element der Wahl: Calcium, beziehungsweise Kalzit oder Kalkstein. Der große Vorteil gegenüber den Sulfaten ist, dass es sich hier um eine Base handelt. Das Hauptdiagramm des Papers zeigt, wie das solare Geoengineering mit Kalzit »den Planeten kühlen und gleichzeitig die Ozonschicht reparieren könnte«.

Wie so oft ist die Beweiskraft eines Papers nicht ausreichend. Bei späteren Experimenten, die dieselbe Forschungsgruppe in einem Labor durchführte, wurden erhebliche Einschränkungen deutlich – ein weiterer Beleg für die Notwendigkeit, Modelle mit Laborexperimenten zu unterfüttern.[32] Es bleibt noch einiges zu erforschen, bevor man zu endgültigen Schlüssen gelangt. Derweil konzentrieren sich die meisten Studien zum Geoengineering mit stratosphärischen Aerosolen (zumindest diejenigen, die eine Anwendung spezifizieren) weiterhin eher auf Sulfat als auf Kalzit-Aerosole.

In diesem Forschungsbereich steht man noch völlig am Anfang. Und ja, Robock tut gut daran, den Rückgang der stratosphärischen Aerosole als potenzielles Problem der Sulfataerosole herauszustellen, denn genau das ist es. Das Ozonloch ist ein ernst zu nehmendes Problem und die Welt hat sich zusammengeschlossen, um es nach und nach anzugehen. Daher muss man herausfinden, wie das solare Geoengineering diesen Erholungsprozess beeinflussen würde, was auch die Frage beinhaltet, ob das solare Geoengineering das Problem nicht umkehren könnte. Zu viel Ozon, eine übermäßige Ozonerholung, wäre am Ende auch zu viel des Guten.

4. Auswirkungen auf die Pflanzen

Die Wirkung von stratosphärischen Aerosolen geht über das bloße Dimmen der Sonne hinaus, denn sie streuen das Licht auch, machen es diffuser – so wie wenn das Licht durch ein Blätterdach fällt. Manche Pflanzen bevorzugen dieses Streulicht und gedeihen im Unterholz, während andere – allen voran die wichtigsten Nahrungspflanzen wie Mais, Reis, Soja und Weizen – direktes Sonnenlicht vorziehen. Das solare Geoengineering hätte nicht annähernd einen so starken Effekt, weshalb wir den Unterschied kaum wahrnehmen würden – anders als Pflanzen.

Dieses Phänomen führte im August 2018 auch dazu, dass solares Geoengineering zum ersten Mal auf dem Cover der *Nature* erwähnt wurde. Jonathan Proctor, damals Doktorand in Berkeley, und sein Betreuer Solomon Hsiang waren federführend bei dem Papier, das die globalen Ernteerträge nach den Vulkanausbrüchen des El Chichón im Jahr 1982 und des Pinatubo im Jahr 1991 analysierte.[33] Durch das SO_2, das El Chichón und der Pinatubo in die Atmosphäre abgaben, kam es zu diffuserer Lichtverteilung. Dies hätte zu geringeren Ernteerträgen geführt – wenn das Streulicht der einzige Effekt der Eruptionen gewesen wäre.

Aber die Vulkanausbrüche senkten zugleich die globale Durchschnittstemperatur, was sich wiederum positiv auf die Pflanzen auswirkt. Im Schnitt glichen sich die beiden Effekte mehr oder weniger aus. Bei Soja, wo der Temperatureffekt überwog, gab es den größten Nettozuwachs. Weizen verzeichnete den größten

Nettorückgang, da hier der Lichtstreuungseffekt die Temperatureffekte übertraf. Bezeichnenderweise wirkte sich der (geringe) Einfluss des Vulkanausbruchs auf die Niederschläge weder in die eine noch in die andere Richtung gravierend aus. Daraus können wir schließen, dass wir die Auswirkungen auf die Pflanzen in jedem Fall berücksichtigen sollten, hier herrscht großer Forschungsbedarf. Dass die Studie von Proctor et al. zu einem weitgehend neutralen Befund gelangt, ist aber nicht der Grund, sich näher mit solarem Geoengineering zu befassen. Vielmehr geht es darum, unsere Zukunftsaussichten angesichts der Bedrohung durch den ungebremsten Klimawandel zu verbessern.

5. Mehr saure Deposition

Dies ist ein weiterer wichtiger Effekt, mit dem man rechnen muss – vorausgesetzt, das für das solare Geoengineering eingesetzte Aerosol ist tatsächlich eine Säure. Wenn es sich um eine Base handelt, könnte sich der Effekt umkehren, ähnlich wie beim Ozonabbau.

Doch da Sulfataerosole bisher ein wichtiger Teil der Geoengineering-Forschung sind, tut Robock sicherlich gut daran, auf Versauerung als mögliches Problem hinzuweisen. Wie er richtig schreibt, wäre der Effekt jedoch insgesamt recht gering, vor allem verglichen mit anderer Luftverschmutzung. Eine aktuelle Kalkulation deutet sogar auf einen 25-fachen Unterschied hin: »Der Anteil an Schwefelemissionen ist 25-mal so hoch wie die Belastung durch stratosphärische Injektion.«[34]

Doch wichtiger ist noch das allgemeine Fazit, zu dem die Studie kommt: »Direkte, nicht klimarelevante Effekte der Sulfat-Injektionen führen zu einer effektiven Verringerung des Gesundheitsrisikos.« Einer der Verfasser der Studie ist Seb Eastham vom MIT, der gerade ein zweijähriges Postdoc-Programm in Harvard absolviert hat, wo er zum Kreis um David Keith, einem weiteren Autor, gehörte. Doch dieses Papier ist nicht das einzige. Tatsächlich gibt es noch ein älteres, an dem Robock selbst mitgearbeitet hat und das zu einem ähnlichen Wert kommt.[35] Ja, die Ozeanversauerung ist ein wichtiges Thema, doch das solare Geoengineering trägt nur unwesentlich zur Verschärfung dieses Problems bei. Der viel entscheidendere Faktor ist natürlich der ungebremste Klimawandel, bedingt durch den übermäßigen CO_2-Gehalt in der Atmosphäre.

Zusammenfassend lässt sich daran sowohl die Bedeutung und Tragweite von Robocks Liste als auch die der Forschungsarbeit von Keith und anderen erkennen. Es ist hier ziemlich offensichtlich, dass Robock und Keith einander wichtige Anregungen gegeben haben.

Bei der Versauerung kommt einem auch wieder Paul Crutzens Aufsatz über die Abwägungen zwischen Luftverschmutzung und dem stratosphärischen Aerosol-Geoengineering in den Sinn. In einer rationalen Welt würde man einsehen, dass eine Reduktion der Luftverschmutzung wichtiger als alles andere wäre. Doch leider leben wir nicht in einer solchen.

6. Zirruswolkeneffekte

Bei diesem Thema betreten wir völliges Neuland. Die Ausdünnung von Zirruswolken wird manchmal als weitere mögliche Geoengineering-Technik angeführt.[36] Wo liegt das Problem? Die WissenschaftlerInnen sind sich hier bisher so unsicher, dass man noch nicht sagen kann, in welche Richtung sich diese Methode auswirken würde. Es kommt ganz darauf an. Manche Zirruswolken halten die Hitze und erwärmen, was unter ihnen liegt, bei anderen könnte genau das Gegenteil der Fall sein. Doch Robocks Vorbehalte beziehen sich nicht auf die Zirruswolkenausdünnung als mögliche Technik des solaren Geoengineerings. Berechtigterweise verweist er auf die größtenteils unbekannten Auswirkungen, die stratosphärische Aerosole auf die Zirruswolken haben könnten. Leider gibt es dazu noch keine Antwort aus der Wissenschaft, weshalb wir einfach weiterforschen müssen, um etwas Definitives dazu sagen zu können – wieder einmal.

7. Erbleichter Himmel (aber schöne Sonnenuntergänge)

In Gemälden von der Renaissance bis zum Realismus tauchten Vulkanausbrüche auf. Nicht die Vulkane selbst, aber die nach den Ausbrüchen rot gefärbten Himmel.[37] Auch Edvard Munchs »Schrei« soll davon inspiriert gewesen sein. Der Einsatz von stratosphärischen Aerosolen hätte einen weitaus geringeren Effekt als der Ausbruch des Krakatau, aber dennoch einen Effekt.

Ich lasse hier offen, inwiefern Robocks Warnung berechtigt ist, dass es »die Menschheit stark psychologisch belasten könnte, wenn der Himmel nicht mehr blau ist und an ihm eine rote Sonne untergeht«. Die Ausbleichung des Himmels greift als Symbol natürlich noch viel weiter. Nicht umsonst nannte die unvergleichliche Klimaschriftstellerin Elizabeth Kolbert ihr neuestes Buch im Englischen *Under a White Sky* (Unter einem weißen Himmel. Die deutsche Ausgabe erscheint unter dem Titel *Wir Klimawandler*).[38]

8. Weniger Sonne für die Solarenergie

Tatsächlich, das ist eine der vielen Abwägungen, die man bedenken muss. Die Sonne um ein oder zwei Prozent zu dimmen und das Licht zu zerstreuen, würde sich auf den Solarertrag auswirken. Vulkanausbrüche taugen hier nur bedingt als Vergleich, denn dabei wird viel Dreck in die Stratosphäre gepustet, was man beim zielgerichteten solaren Geoengineering vermeiden könnte. Dennoch sollte man die Zahlen hier nicht außer Acht lassen. Der Pinatubo-Ausbruch beispielsweise reduzierte das Sonnenlicht insgesamt um 2,5 und die direkte Sonneneinstrahlung um 21 Prozent, wohingegen er den Anteil des diffusen Lichts um 20 Prozent erhöhte.[39] Das solare Geoengineering würde sich wahrscheinlich mindestens eine Größenordnung geringer auswirken, könnte jedoch auch verschiedene Arten von Sonnenergie unterschiedlich beeinflussen. Für konzentrierte Solarenergie benötigt man direktes Licht. Photovoltaikanlagen hingegen könnten weiterhin gut mit diffusem Licht laufen. Wie sich die Reduktion des Sonnenlichts insgesamt auf die Solarenergie auswirken würde, ist weitgehend unbekannt, wenngleich sicher relevant.

9. Auswirkungen der Implementierung auf die Umwelt

Die menschlichen Aktivitäten beeinflussen die Umwelt, so viel ist klar. Jede Energiequelle – egal ob kohlenstoffarm oder nicht – geht in unterschiedlichem Grad mit signifikanten Kompromissen einher. Das solare Geoengineering bildet da keine Ausnahme. »Allein« Dutzende von Flugzeugen rund um die Uhr in Betrieb zu halten, erfordert erhebliche Investitionen.

Das vorausgeschickt, hätte das solare Geoengineering sicher wesentlich geringere Auswirkungen auf die Erde als die aktuellen menschlichen Aktivitäten und auch wesentlich geringere als praktisch alle anderen Optionen, ähnliche Ziele bei der Senkung der globalen Durchschnittstemperaturen oder der Verringerung des Strahlungsantriebs zu erreichen. Erneuerbare Energien wie Solar- und Windkraft haben beispielsweise starke Umweltauswirkungen. (Den Zusammenbruch der Wirtschaft und die Rückkehr in die Steinzeit schließe ich mal als Optionen aus und auch die Coronakrise ist *kein* Leitfaden für eine Klimapolitik.)[40]

Wenn überhaupt, dann sollte man es als Vorteil sehen, dass das solare Geoengineering im Vergleich zu fast allen anderen Möglichkeiten, die menschengemachten Klimaauswirkungen zu beeinflussen, einen so geringen direkten Einfluss hat. Ähnliches gilt für die geringen Kosten, die damit verbunden sind. Als unmittelbare Konsequenz ergibt sich daraus: nicht *ob*, sondern *wann*.

Doch das kann möglicherweise alles andere als wünschenswert sein. Es grenzt schon an Absurdität, die Umweltauswirkungen bei der Implementierung als Problem zu bezeichnen, denn würde man nicht wollen, dass das solare Geoengineering so billig ist, wie es ist, würde das viel *größere* direkte Umweltauswirkungen nach sich ziehen. Ein paar Dutzend hochfliegende Flugzeuge reichen Ihnen nicht? Drängen Sie auf Milliarden von kleinen Ballons – biologisch abbaubar oder nicht –, die die Welt mit sichtbarem Müll bedecken? Auch das mag technisch möglich und wirtschaftlich machbar sein, ist aber sicher keine Lösung.[41]

10. Schnelle Erwärmung bei Aussetzen der Maßnahmen

Bei den menschlichen Auswirkungen auf den Planeten geht es nicht nur um erhöhte Temperaturen, den Anstieg des Meeresspiegels, die Versauerung der Ozeane und, und, und … Auch das Tempo der Veränderungen spielt eine große Rolle.[42] Anpassung ist sicher ein wichtiger Aspekt. Doch was, wenn manche Spezies sich nur in einer bestimmten Höchstgeschwindigkeit anpassen können und alles, was darüber liegt, zum Aussterben führt?

Ein Charakteristikum des solaren Geoengineerings ist seine Geschwindigkeit. Jeder halbwegs vernünftige Implementierungsversuch dürfte stufenweise vorgehen, um einen Schock für das System durch zu schnell sinkende Temperaturen zu vermeiden. Deswegen sind Vulkanausbrüche auch nur bedingt ein guter Vergleich für den Einsatz von solarem Geoengineering, bei ihnen wird zu schnell zu viel Material in die Stratosphäre ausgestoßen.

Das Ganze gilt auch umgekehrt, denn ein Hauptmerkmal des solaren Geoengineerings ist auch seine Umkehrbarkeit.

Würde man damit die globalen Durchschnittstemperaturen signifikant senken und dann aus irgendeinem Grunde den Einsatz beenden, würden die Temperaturen nach oben schnellen. Dieser sogenannte »termination shock«, der Abbruchschock, wird von Kritikerinnen und Kritikern des solaren Geoengineerings meist als größtes Gegenargument angebracht. Das vorsätzliche oder unbeabsichtigte Unterbrechen von Geoengineering-Maßnahmen könnte verheerende Folgen nach sich ziehen. Naturkatastrophen, Anschläge oder rasche politische Veränderungen werden normalerweise als Hauptauslöser für ein solches Szenario genannt.[43] Das sind alles wichtige Faktoren – die möglicherweise überschätzt werden.

In den Niederlanden haben die Deiche während des Zweiten Weltkriegs gehalten, sie sind über die Jahrhunderte hinweg weitgehend unversehrt geblieben. Natürlich gab es auch Fälle, in denen Deichanlagen zu Schaden kamen,[44] aber sollte es global gewollt sein, dass man rund um die Uhr Dutzende Flugzeuge in die Stratosphäre schickt, wäre die Gefahr groß, dass dies eintritt.

Was genau bei einem Aussetzen der Geoengineering-Maßnahmen passieren würde, hängt zu einem großen Teil vom jeweiligen Anwendungsszenario ab (siehe Teil II). Doch normalerweise geht die Geschichte so: Irgendwer legt irgendwo zu früh den Hebel um. Nehmen wir mal überrationale Deutsche (rein hypothetisch), die von Anfang an gegen den Einsatz von solarem Geoengineering waren. Aber jetzt, wo es zur Anwendung kommt und die Welt berechtigterweise besorgt wegen eines *termination shock* ist, würden sogar – oder vor allem – die rationalen Deutschen eine Reserveflotte bereithalten, falls etwas den Einsatz behindern würde.[45]

Vielleicht ist dieses Szenario zu rational gedacht, aber die Angst, dass ein Geoengineering-Programm plötzlich unterbrochen wird und niemand einspringt, ist nicht der wahre Grund, warum der *termination shock* so besorgniserregend ist. Die tatsächliche Ursache führt uns ins Reich des Unbekannten: Was, wenn die Wissenschaft nach jahrelangem, schrittweisem Hochfahren in einem sorgfältig überwachten Einsatzsystem plötzlich auf ein großes, bisher unentdecktes Problem stoßen würde? Da leuchtet gleich die berühmte Warnleuchte auf. Ein Rückzug scheint die vernünftigste Lösung zu sein – aber das würde das Schreckgespenst des *termination shock* beschwören.

Das alles impliziert nicht, dass solares Geoengineering etwas Schlechtes ist, bedeutet jedoch eine weitere Einschränkung für die Akteurinnen und Akteure. Man sollte das Tempo der Veränderungen begrenzen, damit es nicht zu weiteren vorhersehbaren und unvorhersehbaren Effekten kommt. All das würde in einer rationalen Welt gelten. Doch da kommt die launische Politik ins Spiel, wo das neu entdeckte Problem möglicherweise alles andere als rational sein mag und doch eine Massenhysterie die Verantwortlichen zum Aktionismus treibt. Es ist also offensichtlich, dass der *termination shock* sich als echtes Problem entpuppen könnte.

11. Es gibt kein Zurück

Na ja, eigentlich gibt es schon ein Zurück. Das nennt sich dann halt termination shock und ist recht problematisch.

Okay, aber jetzt mal weniger flapsig: Robock hat insofern recht, dass es kein Zurück innerhalb nur eines Jahres gibt, denn die Aerosole verbleiben 12 bis 18 Monate in der Stratosphäre, bevor sie von selbst hinabsinken. Doch genau das ist ja das Besondere am solaren Geoengineering, dass man es genau einstellen, »kontrollieren« kann. Vielleicht ist solares Geoengineering tatsächlich das »größte Steuerungsproblem der Welt«, wie es eines der ersten Paper zu dem Thema formulierte.[46] Das bringt wiederum seine ganz eigenen Schwierigkeiten mit sich, ganz besonders eine:

12. Menschliches Versagen

Tatsächlich hat uns ja genau das, nämlich, dass der Mensch zu viel CO_2 in die Atmosphäre gepumpt hat, erst in diese Bredouille gebracht. Die Angst vor menschlichem Versagen ist in jedem Fall eine der Hauptsorgen bezüglich des solaren Geoengineerings. Mögliche Fehlerquellen gibt es viele – wie zum Beispiel, dass unbeabsichtigte Folgen ignoriert werden (Näheres dazu unter Punkt 20). Da kommt auch gleich wieder der *Moral Hazard* ins Spiel, dass man nämlich fälschlicherweise auf solares Geoengineering statt auf Emissionsreduktion setzt. Anders gesagt:

13. Unterwanderung von emissionsmindernden Maßnahmen

Dass die CO_2-Reduktion untergraben werden könnte, ist ein ernsthaftes Problem, das normalerweise in die Kategorie *Moral Hazard* fällt. Ein Problem, das man unbedingt ausführlicher diskutieren muss (siehe Kapitel 7).

14. Die Kosten

Die direkten Kosten sind tatsächlich sehr gering,[47] was nichts damit zu tun hat, dass sich Befürworterinnen und Befürworter das wünschen würden. Es gibt wenig Möglichkeiten, das Ganze noch billiger zu machen. Über die Kosten des solaren Geoengineerings zu jammern, ist wie auf die Umweltauswirkungen bei der Umsetzung (Punkt 9) zu schimpfen. Robock beklagt in Hinblick auf die Kosten, dass somit Geld für andere lohnenswerte Versuche fehle. Auch hier ist die Antwort einfach, dass die Kosten nicht das Problem sind. Wenn überhaupt, dann sind sie *zu* gering, wenn wir uns noch einmal vor Augen führen, dass ein zu niedriger Preis zu »nicht *ob*, sondern *wann*« führt.

15. und 16. Kommerzielle und militärische Kontrolle der Technologie

Beide Varianten wären ein Problem – mit Betonung auf »Kontrolle«. Natürlich muss jemand beispielsweise diese hochfliegenden Flugzeugtypen bauen, und wie bei jeder Lieferkette wird es zahlreiche Aufgaben für Unternehmen geben. Das vorausgeschickt, darf es keinerlei kommerzielle oder militärische *Kontrolle* der Techniken des solaren Geoengineerings geben. Zu Recht befürchtet Robock, dass ihn »die CIA« wegen des Geoengineerings kontaktieren könnte.[48] Selbst wenn man unabhängig eine Studie durchführen würde, wäre allein der Hinweis auf militärische Kontrolle besorgniserregend. Hier muss man das seit 1978 geltende Umweltkriegsübereinkommen »ENMOD« nennen. Der Vertrag an sich verbietet nicht die Forschung am solaren Geoengineering, nicht einmal die Anwendung, sofern es ein globales Steuerungssystem gibt, das den Alleingang eines Landes ohne Rücksichtnahme auf die Auswirkungen für andere ausschließt. Das solare Geoengineering darf kein militärisches Projekt sein – oder als solches angesehen werden.

Gleiches gilt für kommerzielle Kontrolle. Auch hier braucht es eine klare Grenze zwischen Technologien zur Kohlendioxidentfernung einerseits und solarem Geoengineering andererseits. Erstere ist derzeit teuer, ein kommerzielles Interesse kann zur Senkung der Kosten beitragen, und das sollte es auch. Das ist beim solaren Geoengineering nicht der Fall. Patente wären schlecht, Punkt.[49]

17. Konflikte mit bereits bestehenden Abkommen

Die seriösen rechtlichen Einschätzungen gehen hier auseinander. Klar ist, dass es derzeit keinen hieb- und stichfesten Vertrag gibt, der solares Geoengineering verbietet. Auch ENMOD bildet hier keine Ausnahme.[50] Was natürlich nicht heißt, dass es nie einen Vertrag oder nationale Gesetze geben wird, welche das Einbringen von Aerosolen in die Stratosphäre oder andere Formen des solaren Geoengineering verbieten wollen. Die rechtlichen Entwicklungen um das solare Geoengineering sind in der Tat interessante Aspekte der aktuellen Diskussionen. Man sollte sie im Auge behalten.[51]

18. und 19. Wer kontrolliert den Thermostat und wem obliegt die moralische Autorität?

Wir nähern uns dem Ende von Robocks Liste, jetzt wird es wirklich heikel. Wenn man sagt, »wir« haben mit dem solaren Geoengineering Kontrolle über den Thermostat, wer ist dann damit gemeint? Und wer sollte es? Was bedeutet das für moralische und politische Autorität, Einwilligung nach Aufklärung und das Ideal der Demokratie an sich?

Das gilt natürlich auch umgekehrt: Was berechtigt eine winzige Minderheit von Aktivistinnen und Aktivisten (derzeit vor allem in Deutschland und den USA), sich gegen die Prüfung der Möglichkeiten des solaren Geoengineerings einzusetzen, also gegen Interventionen, die potenziell Millionen von Menschenleben retten und weltweit die Ökosysteme bewahren könnten?

Vielleicht ist das zu weit gedacht, doch wenn man das Ganze einmal umgekehrt betrachtet, zeigt sich, wie schwierig es ist, einer Seite »moralische Autorität« zuzuschreiben. Ankereffekte können zu systematischer Verzerrung führen. Warum bringt man von vornherein denen Misstrauen entgegen, die zum solaren Geoengineering forschen und es in Erwägung ziehen, und nicht den unnachgiebigen Gegnerinnen und Gegnern? Eine Antwort darauf hat mit dem Moral Hazard zu tun, wie so viele der moralischen Fragen des solaren Geoengineerings. Wenn – oder weil – das System, das uns überhaupt erst in diesen Schlamassel gebracht hat, schlecht ist, muss alles daran gemessen werden, wie es mit diesem bestehenden System interagiert.

Hier vielleicht noch eine grundsätzlichere Überlegung: Wie kann man überhaupt in einer Welt voller Argwohn gegenüber Fachwissen und vor allem gegenüber der Wissenschaft selbst über solares Geoengineering sprechen? Im Grunde konzentriert sich nur ein winziger Teil der Forschungsarbeiten zum solaren Geoengineering auf den technischen Aspekt. Ein Großteil der Forschung bewegt sich hier im Bereich der Sozial- und Geisteswissenschaften, untersucht Governance und ethische Fragen sowie weiterreichende gesellschaftliche Auswirkungen.[52]

Ich bin selbst Sozialwissenschaftler und halte die Aufmerksamkeit, die dem Thema von dieser Seite zukommt, für mehr als angemessen. Doch mittlerweile hat man sich vielleicht etwas zu weit von den Naturwissenschaften fortbewegt. Man sollte naturwissenschaftliche Forschung natürlich in einen Kontext setzen, aber zuerst braucht man Ergebnisse. Es lassen sich keine einfachen Schlüsse daraus ziehen, das solare Geoengineering wirft viele komplexe Fragen auf, die fast immer mit maßgeblichen Kompromissen einhergehen. Einige davon, die schwerwiegendere Konsequenzen nach sich ziehen könnten, sollen im Rest dieses Buches behandelt werden.

Die allgemeine Skepsis gegenüber Expertinnen und Experten und ihrem Fachwissen rückt das Thema einer kleinen, aber lautstarken Gruppe in die Öffentlichkeit: »Chemtrails«. Ohne jegliche Belege wird im Rahmen dieser Verschwörungstheorie behauptet, dass es sich bei den Kondensstreifen der Flugzeugabgase nicht etwa um gefrorenen Wasserdampf, sondern um Chemikalien handelt. Darüber, woher diese Chemikalien stammen sollen, wer sie angeblich einsetzt und besonders warum, ist man sich in der Szene uneins. Einige behaupten, es ginge darum, das Wetter zu kontrollieren, andere denken sogar, man betreibe bereits Geoengineering, und manche sind tatsächlich der Meinung, es handle sich um einen Versuch zur Gedankenkontrolle oder intendierten Massenmord an der ahnungslosen Bevölkerung. Forschende, die sich mit Geoengineering beschäftigen, müssen mit Morddrohungen und anderen kleineren und größeren Behinderungen ihrer Arbeit umgehen.

Der Glaube an Chemtrails ist leider längst keine Randerscheinung mehr. Die sozialen Medien, die zur weitreichenden Verbreitung der Verschwörungstheorien beitragen, sind hier nicht hilfreich. Ich kann dazu nur sagen, dass noch viele Debatten zum (solaren) Geoengineering ausstehen. Ich mache mir keine großen Hoffnungen, dass ein »offener Brief« viel ausrichten kann, aber einen Versuch ist es wert:

An: *Diejenigen, die an Chemtrails glauben*
Betreff: *Chemtrails sind nicht das Thema, das wir hinsichtlich des solaren Geoengineerings diskutieren sollten*

Das solare Geoengineering ist ein kontroverses Thema – und das aus gutem Grund. Es umfasst Technologien, die einen kleinen Teil des Sonnenlichts zurück ins Weltall reflektieren, um den Planeten zu kühlen. Die bekannteste dieser Technologien würde absichtlich kleine, reflektierende Partikel in die Stratosphäre einbringen. Sowohl in Wissenschaft und Technologie als auch bezüglich der gesellschaftlichen und politischen Auswirkungen bedarf es einer ernsthaften Debatte.

Leider wurden in manchen Teilen der Gesellschaft die berechtigten Bedenken über die Auswirkungen von solarem Geoengineering durch andere Ängste verdrängt, nämlich durch verschiedene Versionen der sogenannten Chemtrails-Verschwörungstheorie. Diese behauptet, dass bereits seit Jahren oder Jahrzehnten solares Geoengineering in großem Umfang betrieben wird.

Es handelt sich hier nicht um eine unbedeutende Verschwörungstheorie, etwa 60 Prozent des Diskurses auf Social Media zum Thema Geoengineering ist von Verschwörungstheorien geprägt, was sich auch in Forschungsprojekten zeigt, an denen ich beteiligt war.[53] *Eine repräsentative Umfrage in den USA ergab, dass 10 Prozent der Bürgerinnen und Bürger diese Verschwörung für »vollkommen wahr« halten, weitere 20 bis 30 Prozent schätzen sie als »teilweise wahr« ein. Der Glaube an Verschwörungstheorien macht nicht an Parteigrenzen halt und kann durchaus persönlich werden – Morddrohungen inklusive.*

In den meisten Varianten dieser Theorien geht es um kreuz und quer über den Himmel fliegende, Gift sprühende Flugzeuge, die normale Kondensstreifen in »Chemtrails« verwandeln. Die angeblichen Gründe dafür reichen von Eingriffen ins Wetter (und ja, diesbezüglich gibt es auch ernsthafte Forschung)[54] *zur Gedankenkontrolle oder zu noch Schlimmerem. Kein Wunder, denn Twitter und andere weitgehend anonyme Onlineforen lassen diese Verschwörungsgemeinschaft gedeihen; es braucht Reaktionen, die zeigen, dass es keine »Wolkenmaschine« der NASA gibt, sondern dass sie ihre Raketentriebwerke testet.*[55]

Zweifelsohne sind einige, die über die Chemtrail-Verschwörung gestolpert sind, ernsthaft auf der Suche nach der Wahrheit. So wie viele, die trotz aller Gegenbeweise[56] *glauben, Impfungen lösten Autismus aus, weil einer ihrer nahen Verwandten Autist ist, sind manche Chemtrail-Verschwörungstheoretikerinnen und -theoretiker möglicherweise auf der Suche nach Antworten, warum jemand, der ihnen nahesteht, an einer Atemwegserkrankung leidet. Tatsächlich ist die traurige Antwort darauf manchmal tatsächlich Luftverschmutzung, die weltweit zwischen drei und sechs Millionen Menschen pro Jahr das Leben kostet.*[57] *Die Verringerung der Verschmutzung sollte eindeutig globale Priorität haben.*

Andererseits haben manche, die derlei Theorien verbreiten, selbstverständlich ein kommerzielles Interesse daran: Sie verkaufen beispielsweise Anzeigen für ihre Websites, bauen die eigene Marke aus oder treiben die Klicks nach oben.

Doch egal welche Motivation dahinterstecken mag, die »Beweise« für die Verschwörung führen zu nichts. Anhängerinnen und Anhänger solcher Theorien argumentieren oft, man müsse doch nur nach oben schauen. Das hat die Wissenschaft bereits getan[58] *– und Kondensstreifen vorgefunden, die größtenteils aus kondensiertem Wasserdampf bestehen. Derselbe Effekt tritt auf, wenn man an einem kalten Tag ausatmet. Ist die Luft kalt und feucht genug, kann die bloße Turbulenz eines Flugzeugs zur Bildung von Kondensstreifen führen. Kommen Triebwerksabgase hinzu, wird der Effekt verstärkt. Seit es die Luftfahrt gibt, gibt es auch Kondensstreifen. Die erste wissenschaftliche Erklärung, die ich in der populären Presse finden konnte, stammt aus einem Artikel der Popular Science vom März 1943, in dem erläutert wurde, was es mit den »vapor trails« auf sich hat.*[59]

Seitdem gibt es natürlich – entsprechend der gestiegenen Anzahl an Flugzeugen – sehr viel mehr Kondensstreifen am Himmel. Und es stimmt, diese Flugzeuge tragen zur Verschmutzung bei. Bei jedem Hin- und Rückflug von New York nach San Francisco wird etwa eine Tonne CO_2 *pro Economy-Reisendem ausgestoßen.*[60] *Leider ist* CO_2 *unsichtbar, würde es sich stattdessen um stinkenden, rosa Schleim handeln, wäre man viel schneller gegen die* CO_2*-Verschmutzung vorgegangen. Das ist nicht passiert, trotz der erstaunlichen Fortschritte bei der Eindämmung anderer Arten von Luftverschmutzung.*

Tatsächlich gehen die Fortschritte bei der Eindämmung von Luftverschmutzung, beispielsweise hinsichtlich des aus Schornsteinen austretenden Schwefeldioxids (SO_2*), mit nicht zu unterschätzenden Klimakompromissen einher. Die Luftverschmutzung im Freien wirkt zwar tödlich, aber vermindert auch – unbeabsichtigt – die Erwärmungseffekte durch* CO_2*. Die völlige Beseitigung dieser Art von Luftverschmutzung würde sich zwar eindeutig positiv auf die menschliche Gesundheit auswirken, könnte aber auch indirekt großen*

Schaden anrichten, da sich der Planet weiter erwärmt. Der Chemiker und Nobelpreisträger Paul Crutzen sprach 2006 hier von einem Dilemma.[61]

Für mich persönlich ist dies außerdem das allerbeste moralische Argument für die Erforschung des solaren Geoengineerings.[62] *Genau darauf sollte sich die tatsächliche Debatte zu diesem Thema konzentrieren. Wo liegen die potenziellen Risiken und Vorteile? Würde das bloße Reden über solares Geoengineering von der Notwendigkeit einer CO_2-Emissionsreduktion ablenken?*[63] *Oder wäre eine solche Debatte gar ein Weckruf, um klimapolitisch etwas zu bewegen? Es mag vernünftige Menschen geben, die hier nicht zustimmen und zu unterschiedlichen Meinungen bei der Frage kommen, ob das solare Geoengineering ein Teil der klimapolitischen Maßnahmen sein kann und sollte. Doch das ist etwas ganz anderes, als zu behaupten, Kondensstreifen seien tatsächlich »Chemtrails« und Tausende Verkehrsflugzeuge würden nicht »nur« riesige Mengen an CO_2 ausstoßen, sondern beispielsweise absichtlich Aluminium verteilen. Da präsentiert jemand Aluminiumoxid im Boden als »Beweis« für Chemtrails. Es ist aber keiner. Aluminium ist das am dritthäufigsten vorkommende Element in der Erdkruste und Aluminiumoxid ist seine häufigste Form.*[64] *Andere angebliche Erklärungen sind noch merkwürdiger und völlig abwegig für Wissenschaftlerinnen und Wissenschaftler, die sich mit dem Thema beschäftigt haben.*[65]

Das führt natürlich zu der Frage, warum wir der Wissenschaft überhaupt vertrauen sollten. Vielleicht gäbe es ja einen Anreiz, die Beweise verschwinden zu lassen, wenn es irgendwo ein geheimes »Chemtrail-Programm« gäbe? Nein. So funktioniert Wissenschaft einfach nicht. Haben manche Institutionen Gründe für eine Geheimhaltung? Natürlich. Aber würden einzelne Forschende auf der ganzen Welt eine riesige Chemtrail-Verschwörung geheim halten?

Forschende haben manche Schwächen – etwa, wenn es um höfliche soziale Interaktionen geht. Zu ihren Stärken aber gehört es, Irrtümer anderer zu widerlegen und die bisherigen Kenntnisse zu erweitern. Wenn man beweisen könnte, dass der breite wissenschaftliche Konsens über die durch den Menschen verursachte Erwärmung des Planeten falsch ist, könnte man in der Wissenschaft eine steile Karriere machen. Dass dies nicht geschehen ist, lässt mich dem wissenschaftlichen Konsens über den Klimawandel vertrauen. Da seit Jahrzehnten keine Wissenschaftlerin und kein Wissenschaftler bewiesen haben, dass gewöhnliche Kondensstreifen nicht einfach nur Kondensstreifen sind, bin ich ebenso überzeugt davon, dass an der »Chemtrails«-Verschwörung nichts dran ist.

Die Verschmutzung der Umwelt ist ein gravierendes Problem. Das gilt für die SO_2*-Verschmutzung, die zahlreiche Menschen das Leben kostet, genauso wie für das* CO_2 *jetzt und in der Zukunft. Es wird nicht leicht sein, die notwendigen Kompromisse zwischen den beiden zu finden. Diese Debatte muss es geben, und alle Forschenden am solaren Geoengineering, die ich kenne, werden sie nur allzu gerne führen. Aber es ist auch diese Art von Debatte, an der alle, die ein ernsthaftes Interesse an der Zukunft unseres Planeten haben, teilnehmen sollten.*

Mit den wirklich Verrückten kann man letztendlich nicht diskutieren.

Dieser Brief ging für eine Zeit »viral«, als ich ihn 2018 auf *Earther* veröffentlichte.[66] Leider wird die Chemtrails-Verschwörung nicht einfach verschwinden. Doch in diesem Buch ist es das letzte Mal, dass ich sie erwähne. Danke für Ihre Nachsicht. Zurück zu Robocks Liste der »20 Gründe, warum [solares] Geoengineering vermutlich eine schlechte Idee ist«[67], und dem vielleicht wichtigsten Einwand von allen:

20. Unvorhergesehene Konsequenzen

Es gibt wohl kein besseres Argument *gegen* solares Geoengineering, als darauf zu verweisen, was wir alles nicht wissen – vielleicht nicht wissen können –, solange etwas nicht tatsächlich eingesetzt wird. Auch hier scheint beim solaren Geoengineering auf den ersten Blick das genaue Gegenteil wie bei der traditionellen Klimaschutzpolitik zu gelten. Die entgleisten Klimarisiken mit potenziell extremen Konsequenzen, die sich als Kipppunkte äußern, deuten darauf hin, dass man bei einer Konzentration auf Durchschnittswerte große Klimaauswirkungen übersehen könnte.[68] Beim solaren Geoengineering deuten die bekannten Risiken und die oft unbekannten Unwägbarkeiten eindeutig aufs Gegenteil hin. Je größer seine Risiken und Ungewissheiten, desto unwahrscheinlicher ist es, dass das solare Geoengineering eingesetzt wird – und vor allem eingesetzt werden *sollte*.

Doch was, wenn diese Risiken und Ungewissheiten zumindest teilweise mit denen des ungebremsten Klimawandels korrelieren? Wenn also eine Option schlechter, doch die andere tendenziell noch schlechter ist? Mit anderen Worten, man kann das solare Geoengineering nicht isoliert betrachten, sondern nur im Kontext der pausenlos und schnell wachsenden Risiken eines ungebremsten Klimawandels. Es geht also um »Risiko-Risiko-Abwägung«.

Mehr noch, es geht heute nicht um den Einsatz des solaren Geoengineerings, sondern um die *Erforschung* der Technologie. Hier würden *größere* Risiken und Unsicherheiten beim solaren Geoengineering für einen *erhöhten* Forschungsbedarf sprechen.[69] Das liegt in eben jener grundlegenden Korrelation von Risiken des Klimawandels und des solaren Geoengineerings begründet. Nichts davon geht bereits das wirklich Unbekannte und Unbegreifliche an, aber es gibt Grund zu der Annahme, dass es für einige Risiken zutreffen könnte. Warum?

Die meisten unserer Erkenntnisse zum solaren Geoengineering stammen aus den Standard-Klimamodellen. Hinsichtlich des solaren Geoengineerings stoßen diese jedoch eindeutig an ihre Grenzen. Stratosphärische Aerosole wurden lange extrem »idealisiert« modelliert, indem man einfach die Sonne dimmte. Hier weiß die Wissenschaft noch zu wenig. Doch was man weiß, zeigt, dass es gute Gründe gibt, weiter zu forschen. Genauso wie es gute Gründe dafür gibt, dass das einfache »idealisierte« Modell eine erste Annäherung daran ist, was man erwarten darf.[70]

Um die »Risiko-Risiko-Abwägungen« besser zu begreifen, kann es helfen, sich eine der wichtigsten Unwägbarkeiten des ungebremsten Klimawandels vor Augen zu führen. Wesentlich ist hier der Zusammenhang zwischen atmosphärischem CO_2 und einem möglichen Anstieg der globalen Durchschnittstemperaturen, auch Klimasensitivität genannt.[71] Wenn es um diese weitaus schlechter stünde als allgemein angenommen, würde auch das solare Geoengineering auf den ersten Blick riskanter erscheinen. Doch eben jene Gründe, die für eine größere Klimasensitivität sorgen würden, würden auch das solare Geoengineering effektiver machen, ein (fast) proportionaler Anstieg. Das zusätzliche Klimarisiko müsste also viel größer sein und das Hauptergebnis vorantreiben: mehr solares Geoengineering. Für den Moment heißt das einfach forschen, forschen, forschen.

Eine solche Argumentation, die sich ausschließlich auf die Abwägung von Risiken und Unsicherheiten stützt, könnte am Ende nach hinten losgehen. Robock geht es nämlich nicht in erster Linie um Risiken, die in den heutigen Modellen auftauchen – oder um solche, die man einfach modellieren kann. Er sorgt sich zu Recht mehr um die tatsächlichen Wissenslücken. Was nicht unbedingt bedeuten muss, dass man diese nicht füllen kann, es dürfte nur schwierig sein, die Wahrheit zu finden. Aus der Forschungserfahrung weiß man, wie wichtig und wie schwierig derartige Schlüsse sind.

Nun noch einmal zum Cover der *Nature* zum Thema solares Geoengineering und zu den landwirtschaftlichen Auswirkungen des Pinatubo-Ausbruchs. Ohne hier näher ins Detail gehen zu wollen, wirkt es bezeichnend, dass das Paper 2018 erschien – also ein Vierteljahrhundert nachdem sich die Auswirkungen des Pinatubo-Ausbruchs bemerkbar machten. Viele Jahre lang glaubte man, dass stratosphärische Aerosole hauptsächlich zwei Dinge bewirken: die Senkung von Temperaturen und die Streuung des Lichts. Beides stimmt ebenso wie die Erkenntnis, dass viele Pflanzen Streulicht bevorzugen. Den Forschenden im Bereich des solaren Geoengineering war jedoch offenbar entgangen, dass Mais, Reis, Soja und Weizen, also die Hauptnahrungspflanzen, direktes Sonnenlicht bevorzugen. Das solare Geoengineering, das man anhand früherer vulkanischer Aktivitäten modelliert, erhöht die Ernteerträge laut *Nature* 2018 nicht, die Erträge blieben konstant. Anscheinend brauchte es ein ganzes Team an Wirtschaftswissenschaftlern, von denen sich keiner zuvor mit solarem Geoengineering befasst hatte, um dies herauszufinden. Ohne ihren Beitrag im Geringsten schmälern zu wollen, zeigt diese Studie doch, wie viele einfache Ergebnisse in der Forschung zum solaren Geoengineering noch abzugreifen sind.

Fazit: Wir wissen einfach noch nicht genug, um endgültig sagen zu können, ob solares Geoengineering insgesamt gut oder schlecht sein könnte. Was wir wissen, ist, dass noch viel mehr Forschung notwendig ist,[72] sowohl in den Natur- als auch in den Sozialwissenschaften. Der bloße Gedanke an solares Geoengineering rührt offensichtlich an etwas ganz tief in uns. Wissenschaftliche Fakten allein können dieses Gefühl nur bedingt besänftigen. Letzten Endes ist das solare Geoengineering etwas Unnatürliches, Unsicheres, eine durch und durch technologische Lösung eben.

3.

Forschungsmotivation

Die Idee vom solaren Geoengineering ist nicht neu. Der Bericht von Präsident Johnsons Beratungsausschuss im Jahr 1965 gab zwar falsche Hinweise – darin war von einer Aufhellung der Ozeane anstatt des Himmels die Rede –, war aber dennoch bemerkenswert. Ganz anders die Lösung, die im Abschnitt »Atmosphärisches Kohlendioxid« behandelt wurde.[1] Von einer Kohlendioxidsteuer war hier keine Rede, auch nicht von Cape-and-Trade. (Dieser Emissionshandel war damals noch nicht erfunden.)[2] Der Bericht konzentrierte sich allein auf die dort aufgeführte »Albedo-Modifikation«, wobei mehr oder weniger davon ausgegangen wurde, dass eine CO_2-Reduktion generell unmöglich sei. Heute wissen wir, dass das nicht stimmt.

Tatsächlich müssen wir das CO_2 reduzieren – und können es auch. In jedem halbwegs vernünftigen klimapolitischen Ansatz steht *massive CO_2-Reduktion* an erster Stelle. Nur so lässt sich der Zusammenhang zwischen der Wirtschaftstätigkeit einerseits und den CO_2-Emissionen andererseits aufheben. Das ist allerdings nur das erste von vielen Gliedern in der Kausalkette zwischen Wirtschaftstätigkeit und den dadurch verursachten Klimaschäden. Diese Verknüpfung reicht von den CO_2-Emissionen zu den Konzentrationen in der Atmosphäre, von den Konzentrationen zu den Temperaturen, von den Temperaturen zu den Klimaschäden und von da zum menschlichen Wohlergehen.[3] *Anpassung* kommt am Ende der Kette – von den Temperaturen zu Einflüssen auf das Klima zu den Auswirkungen auf das menschliche

Wohlergehen. Was aber nicht heißt, dass sie zeitlich als »Letztes« geschehen sollte. Wenn überhaupt, dann hätten wir bereits vor langer Zeit massive Anpassungsmaßnahmen einleiten sollen, genau wie die Reduktion von CO_2.

Die *Kohlendioxidentfernung* bricht die zweite Verbindung zwischen Emissionen und Konzentrationen, das *solare Geoengineering* die dritte zwischen atmosphärischen CO_2-Konzentrationen und globalen Durchschnittstemperaturen. Damit wären wir wieder bei der Formel mit *ungebremstem Klimawandel + massiver-CO_2-Reduktion + Anpassung + Kohlendioxidentfernung + solarem Geoengineering* auf der einen Seite und *keinem Klimawandel* auf der anderen.[4] Es ist immer gut, diese Gleichung im Hinterkopf zu behalten, hauptsächlich um das solare Geoengineering richtig zu positionieren: hinter eine beliebige Anzahl an Klimaschutzmaßnahmen und sicher nicht ganz vorne. Anders als im Bericht von 1965 für Präsident Johnson, der das solare Geoengineering isoliert betrachtet, kann und darf es nicht alleinstehen.

Der Ausschussbericht zielte vielleicht nicht darauf ab, doch rückblickend scheint er zwei der wichtigsten Merkmale des solaren Geoengineerings vorhergesehen zu haben: niedrige Kosten und einen großen Einfluss im Vergleich zur Reduktion von CO_2-Emissionen oder seiner Entfernung aus der Atmosphäre. Der Ökonom Tom Schelling sollte erst 1996 auf diese Haupteigenschaften hinweisen.[5] David Keith verfasste 2000 einen umfassenden Bericht darüber.[6] Die Kernaussage lautete: »Nicht *ob*, sondern *wann*.«

Tabu oder Unterbrechung?

In der Forschungsgeschichte zum solaren Geoengineering ist oft von einem langjährigen Tabu die Rede, das 2006 schließlich durch die Aufsätze von Paul Crutzen und Ralph Cicerone gebrochen wurde. Genauso könnte man von einer ersten Periode sprechen, in der dem Thema viel Aufmerksamkeit zukam – angefangen beim Bericht für Präsident Johnson von 1965, gefolgt von Michail Budyko, der in den 1970er-Jahren[7] erstmals das Einbringen von stratosphärischen Aerosolen beschrieb. Daran schloss sich eine Zeit an, in der sich die KlimawissenschaftlerInnen lieber auf die Reduktion von CO_2-Emissionen konzentrierten. Letzteres war teilweise der neuen Auffassung geschuldet, dass dies sowohl wichtig als auch möglich war, teilweise der Selbstzensur oder Sorge, zu viel Gerede über solares Geoengineering würde von der Notwendigkeit der CO_2-Emissions-Reduktion ablenken; später wurde hier von Moral Hazard gesprochen (siehe auch Kapitel 7, »Moralisches Risiko in grün«).

Was nicht bedeuten soll, dass man sich *überhaupt nicht* mit dem Thema beschäftigte. 1992 gab es in einem Bericht des Nationalen Forschungsrats der USA sogar einen ganzen Abschnitt zu dem Thema, in dem einige Optionen durchgespielt wurden: Ballons, Flugzeuge, Raketen und sogar Spiegel im Weltraum.[8] Letztere Option war gerade als Alternative zu den stratosphärischen Aerosolen in der Forschungsliteratur aufgetaucht.[9] Es wäre eine eindeutig teurere Variante, mit der man aber auch einige der Risiken von »irdischeren« Alternativen vermeiden könnte, die mit Verschmutzung der (oberen) Atmosphäre einhergehen. 1992 beschrieben David Keith und sein langjähriger Kollege Hadi Dowlatabadi einige dieser Ideen unter der Prämisse einer »ernsthaften Beschäftigung mit dem Geoengineering«, womit damals sowohl Kohlendioxidentfernung wie auch solares Geoengineering gemeint waren.[10]

In einer Geschichte des solaren Geoengineerings darf Edward Teller nicht fehlen. Der »Vater der Wasserstoffbombe« und Verfasser von Werken wie *The Constructive Uses of Nuclear Explosives* (Die konstruktive Anwendung von nuklearen Sprengstoffen) begann in den späten 1990er-Jahren – er selbst war damals in seinen späten 80ern und frühen 90ern – mit der Erforschung dieser Technologie.[11] Gemeinsam mit dem Astrophysiker und Waffenentwickler Lowell Wood sowie Mitarbeitern des Lawrence Livermore National Laboratory untersuchte Teller in einer Reihe von Modellstudien das Geoengineering mit stratosphärischen Aerosolen. Die Ergebnisse waren vielversprechend – zu vielversprechend.

Als Wood 1998 einige davon bei einem Treffen des Aspen Global Change Institute vorstellte, setzte er wie üblich auf Provokation[12] und witzelte, dass man die globale Erwärmung am besten mit einem Atomkrieg stoppen könnte. Außerdem präsentierte er seine Berechnungen, wie stratosphärische Aerosole den menschengemachten Klimawandel tilgen würden. Er stieß, gelinde gesagt, auf Skepsis. Ken Caldeira und David Keith, die den Vortrag verfolgten, glaubten nicht, dass es funktionieren würde. Das Dimmen der Sonne musste sich von der Reduktion der CO_2-Konzentration unterscheiden. Caldeira berichtete später, wie groß seine Skepsis war und wie er anschließend belegen wollte, dass Wood falsch lag. Doch das gelang ihm nicht. Nachdem er das solare Geoengineering in ein hochmodernes Klimamodell aufgenommen hatte, konnte er jedenfalls keine fundamentalen Fehlschlüsse in Woods Argumentation feststellen.

Die Idee erregte in einem kleinen Kreis von Forschenden größere Aufmerksamkeit. Caldeira verfasste einige der ersten Paper zu dem Thema. Keith schrieb 2000 einen Übersichtsartikel mit dem schönen Titel: »Geoengineering the climate: History and prospect« (Das Geoengineering des Klimas – Geschichte und Zukunftsausblick).[13] Das Besondere an Keiths Text war, dass er sich nicht ausschließlich auf Klimamodellierung und die Technologie an sich beschränkte, sondern auch die Implikationen für die Klimapolitik sowie breitere gesellschaftliche und ethische Fragen miteinbezog.

Aus dem Schatten treten

2006 interessierten sich bereits so viele Forschende für das Thema, dass die NASA eine Konferenz dazu veranstaltete. Caldeira erinnert sich noch, den Begriff »Solar Radiation Management« erfunden zu haben, um das Wort »Geoengineering« zu umgehen und den NASA-Anforderungen zu genügen. Halb im Scherz bemerkte er, er habe eine möglichst bürokratische Bezeichnung gewählt.[14] Zu seiner Überraschung setzte sich der Begriff durch und zwar in Form des relativ bekannten Akronyms »SRM«. (Der Weltklimarat IPCC wollte eine neue Benennung durchsetzen, sah sich letztendlich aber gezwungen, die Abkürzung »SRM« beizubehalten, die dann aber für »Solar Radiation Modification« stand. Beide Begriffe sind identisch mit dem solaren Geoengineering.)

An der NASA-Konferenz nahmen Forschende, für die Regierung arbeitende Wissenschaftlerinnen und Wissenschaftler sowie Vertreterinnen und Vertreter von NGOs teil. Auch spätere Treffen zum solaren Geoengineering sollten in einer so bunten Besetzung stattfinden. Daran wird deutlich, wie viele der bedeutendsten Forschenden sich über die weitreichenden gesellschaftlichen Auswirkungen dieser Technologie bewusst waren. Wären nicht von Anfang an WissenschaftlerInnen aus dem Umweltschutzbereich beteiligt gewesen, wäre das solare Geoengineering wohl auf Dauer als eine verrückte Idee von verrückten Forschenden betrachtet worden. Schon früh kamen Bedenken auf, dass diese Technologie ein gesteigertes Interesse bei Gegnern der CO_2-Reduktion wecken könnte. Der von Keith entwickelte Begriff »moral hazard«[15], moralisches Risiko, beschreibt dieses Problem nicht ganz korrekt. Etwas in Richtung »mitigation deterrence«, also ein abschreckender Effekt hinsichtlich der Abschwächungsmaßnahmen, wäre präziser, doch der ursprüngliche Begriff hat sich letztendlich durchgesetzt (siehe Kapitel 7 »Moralisches Risiko in Grün«).

In diesem Kontext tauchte oft der Name Lee Lane auf. Er war an der Organisation der NASA-Konferenz von 2006 beteiligt und bald darauf am *American Enterprise Institute* tätig, einer konservativen Denkfabrik, die den laut wissenschaftlichen Erkenntnissen notwendigen massiven CO_2-Emissionsreduktionen skeptisch gegenübersteht. Es ist auffällig, wie wenig kommerzielles Interesse es in dieser ersten Zeit des Forschens am solaren Geoengineering gab. Brian Flannery, von 1980 bis 2011 Klimaforscher bei Exxon, ist vielleicht die einzige bemerkenswerte Ausnahme. Aber Flannerys Engagement hielt sich in Grenzen.

Wesentlich aktiver waren die Nichtregierungsorganisationen. 2009 erklärte der Environmental Defense Fund (EDF) das Geoengineering zu einem von drei »aufkommenden Themen«, die es zu beobachten und weiter zu verfolgen galt. Anfang Februar 2010 organisierte der Umweltverteidigungsfonds einen Wissenschaftstag für den Stiftungsrat und lud Keith, Alan Robock und andere bekannte Natur- und SozialwissenschaftlerInnnen ein, die sich mit dem Thema beschäftigten. (Ich kam 2008 als Ökonom zum EDF, war dort zwischen 2014 und 2016 Chefökonom und Mitverfasser der ersten internen Dokumente über das Geoengineering. Außerdem war ich an der Organisation des Wissenschaftstags 2010 beteiligt.)

Im März 2010 fand die *Asilomar International Conference on Climate Intervention Technologies* statt, mit fast 200 Teilnehmenden die bis dahin größte Geoengineering-Konferenz. Der Veranstaltungsort war nicht zufällig gewählt: Laut der Ankündigung hatte dort 1975 die »historische Asilomar-Konferenz über rekombinante DNA-Moleküle« stattgefunden, die »bis heute als Meilenstein der Selbstregulierung durch die wissenschaftliche Gemeinschaft gilt«. Der Vorsitzende der Konferenz von 1975, Nobelpreisträger Paul Berg, war 2010 Berater und Ehrenvorsitzender.

Es gab offensichtliche Parallelen zwischen beiden Veranstaltungen: Sowohl die erste Asilomar-Konferenz als auch »Asilomar 2.0« konzentrierten sich auf potenziell vielversprechende, aber hochriskante und daher umstrittene neue Technologien. In beiden Fällen war die Forschungsgemeinschaft gespalten, wobei das eine Lager das Potenzial, das andere vor allem die Risiken im Blick hatte. Aber natürlich gab es auch deutliche Unterschiede. Ich kann mich noch lebhaft an den mittlerweile verstorbenen legendären Klimawissenschaftler und großartigen Wissenschaftskommunikator Steve Schneider erinnern, der seine Ausführungen mit folgenden Worten begann: »Viele von uns wären lieber nicht hier.« Und zwar nicht, weil er fand, die Technologie sei keine Diskussion wert – im Gegenteil. Für ihn und viele andere, die ähnliche Bedenken äußerten, fühlte sich das solare Geoengineering wie ein Eingeständnis des Scheiterns bei der CO_2-Reduktion an.

Während der fünftägigen Konferenz wurde schnell klar, dass »Selbstregulierung« nicht ausreichen würde. Entsprechende Forderungen wären schlichtweg verfrüht gewesen. Die Abschlusserklärung des wissenschaftlichen Organisationskomitees enthielt demnach vor allem einen Aufruf zu weiterer Forschung und ein Statement, wonach sich die wichtigsten Fragen um die umfassenderen gesellschaftlichen und ethischen Implikationen des solaren Geoengineerings drehten und weit über die Technologie selbst hinausgingen. Die Selbstregulierungsprinzipien, die ins Konsenspapier gelangten, spiegelten weitgehend frühere »Oxford-Prinzipien« wider und stellten eine eher auf hohem Niveau angelegte Orientierungshilfe dar.[16]

Im wissenschaftlichen Organisationskomitee saß damals auch Paul Crutzen. 2006 war sein Essay erschienen, der die Frage enthielt, ob stratosphärische Sulfataerosole helfen könnten, ein »Politikdilemma« zu lösen: Die Verringerung der Schwefelverschmutzung in der Troposphäre würde einen unmittelbaren Gesundheitsvorteil bringen, aber auch den Planeten erwärmen.[17] Dieser Text war es, der zusammen mit dem gesteigerten Interesse von Forschenden und NGOs das Thema in den Fokus der breiten Öffentlichkeit rückte. Vielleicht war es ja doch in Ordnung, über das solare Geoengineering zu sprechen.

In den folgenden zehn Jahren stiegen das Interesse und die Anzahl der wissenschaftlichen Veröffentlichungen zu diesem Thema exponentiell. Die Möglichkeit, die Crutzen aufgezeigt hatte, weckte weiteres Interesse bei Natur- und insbesondere Sozial- und GeisteswissenschaftlerInnen. Eine Zählung geht davon aus, dass nach der Veröffentlichung von Crutzens und Ralph Cicerones Essays über 1.200 peer-reviewed Paper, Studien und andere wissenschaftliche Arbeiten zu dem Thema erschienen sind. Inzwischen sind noch über 300 weitere hinzugekommen.[18]

Ein erstes Experiment im Freien?

Ein Großteil der Publikationen zum solaren Geoengineering stammt von Sozial- und GeisteswissenschaftlerInnnen und geht thematisch weit über den technischen Aspekt hinaus. Die überwiegende Mehrheit der KlimawissenschaftlerInnen konzentriert sich in ihren Papern auf Modellierungsstudien. Einige entschiedene Gegner des solaren Geoengineerings lehnen selbst diese vehement ab. Sie stützen sich meist auf folgende fragwürdige Argumentation: Jetzt geht es nur um Klimamodelle, bald kommen die Laborversuche und dann Experimente im Freien.

Und dann wäre da noch SCoPEx. Dieses Akronym steht für *Stratospheric Controlled Perturbation Experiment* (Experiment der kontrollierten Störung der Stratosphäre), wobei es hier symbolisch um weitaus mehr als einen bloßen physikalischen Versuch geht.

Die Idee ist, eine an einem Ballon befestigte Versuchsplattform in die untere Stratosphäre zu fliegen und dort geringe Mengen an Aerosolen freizusetzen – bis zu zwei Kilogramm Kalziumkarbonat, wobei noch kein genauer Wert feststeht. (Beim ersten konkreten Einsatz könnte man auch einfach Wasserdampf freisetzen.) Die dadurch entstehende Wolke hätte einen Durchmesser von etwa 100 Metern und wäre einen Kilometer lang. Durch diese würde man dann den propellergesteuerten Ballon fliegen, um auszuprobieren, inwiefern die Aerosole die Stratosphärenchemie verändern könnten. Wir sprechen hier immer von winzigen Mengen. Im Falle von Sulfur würde man wenigerAerosole verwenden, als ein Passagierflugzeug in einer Minute Flugzeit ausstößt. Den größten direkten Einfluss auf die Umwelt hätten wohl die Bleigewichte am Ballon, könnte man halb im Scherz anmerken.

SCoPEx dürfte ein typisches »Prozess«-Experiment sein. In der Projektbeschreibung auf der Website von Frank Keutsch, Atmosphärenchemiker in Harvard, heißt es: »SCoPEx ist ein wissenschaftliches Experiment, um mehr über die stratosphärischen Aerosole zu erfahren, die für das solare Geoengineering von Bedeutung sein könnten.«[19] Was im Wesentlichen bedeutet, dass es Erkenntnisse für die Modellierung stratosphärischer Aerosole liefern würde.

Doch SCoPEx ist so viel mehr als das. Manche sehen darin den Beweis, dass die Wissenschaft nun komplett durchgedreht ist. Ray Pierrehumbert, selbst anerkannter Atmosphärenphysiker, hat Artikel verfasst, deren Überschriften sich mit »Das Problem mit den Geoengineers, die den ›Planeten hacken‹« oder »Klima-Hacking ist total irre« übersetzen lassen.[20] In Letzterem finden sich Unterüberschriften zu SCoPEx wie »Harvard überschreitet den Rubikon«, gefolgt von »Greenfinger Harvard?« (Zwar ist Pierrehumbert gegen das solare Geoengineering im Allgemeinen und gegen SCoPEx im Besonderen, doch er ist bereit, über das Thema zu diskutieren, beispielsweise 2019 in einem Seminar in Harvard.)[21] Pierrehumberts Beiträge geben einen kleinen Einblick, in welcher Richtung SCoPEx die Vorstellungskraft einiger WissenschaftlerInnen befeuert haben dürfte. Wenn jetzt noch Bill Gates ins Spiel kommt, schreiben sich die Verschwörungsschlagzeilen wie von selbst.[22]

Am schmerzlichsten bewusst sind sich dessen natürlich die Forschenden, die direkt mit dem Projekt befasst sind. Ein Beispiel: Normalerweise bringt eine peer-reviewed Zeitschrift keine

Beiträge über die bloße Absicht, ein wissenschaftliches Experiment durchzuführen, wie es bei SCoPEx der Fall war. Erstmals bekannt wurde es, nachdem das Team 2014 seine Pläne in einem von der britischen Royal Society veröffentlichten Paper darlegte.[23] Das zog den prüfenden Blick anderer Wissenschaftlerinnen und Wissenschaftler sowie den von Nichtregierungsorganisationen und weiteren an der Diskussionen Beteiligten auf sich.

Da ich seit 2015 in Harvard arbeite, wenn auch (wichtig!)[24] nicht direkt an SCoPEx beteiligt war, kann ich aus eigener Erfahrung sagen, dass das öffentliche Interesse an dem Projekt nur in geringem Maße mit den tatsächlichen Fakten zu tun hat. Während das Wissenschaftsteam Forschungspläne für die kommenden Jahre erstellte, bauschten Aktivistinnen und Aktivisten das Thema auf und glaubten zu wissen, in welchem Jahr der »Harvard-Ballon« fliegen würde. Als das Jahr schließlich vergangen war – natürlich ohne dass ein Ballon flog –, erreichte die Twitter-Diskussion über die Blog-Posts des vergangenen Jahrs ihren Höhepunkt. Es hieß, man würde die »Wahrheit ans Licht bringen« oder das Projekt »anprangern« und »zerschmettern«. Sämtliche Tweetreaktionen, die sich um Aufklärung bemühten, wurden als »Zustimmung« zu dem Projekt abgetan.

All das wurde durch Akteure mit fragwürdigen Interessen, die dem SCoPEx-Team alle erdenklichen Beweggründe unterstellten, vielfach verbreitet. Die vielleicht am leichtesten zu widerlegende Behauptung lautete, es gehe den beteiligten Forschenden nur ums Geld: »Harvard« wolle Patente anmelden oder auf andere Weise geistiges Eigentum monopolisieren, um weltweit das Wetter zu kontrollieren. Ein Verweis auf das SCoPEx-Paper von 2014 hätte genügen müssen, um zu erkennen, dass niemand, der insgeheim die Weltherrschaft anstrebt, so handelt – doch diese Einsicht blieb aus. Erstautor und SCoPEx-Projektwissenschaftler John Dykema, der eng mit Frank Keutsch und David Keith zusammenarbeitete, verfasste zusammen mit Keith eine direkte Erwiderung unter dem Titel: »Warum wir uns gegen eine Patentierung von Technologien des solaren Geoengineerings entschieden haben.«[25]

Was die Sache weiter kompliziert, ist, dass Keith zusätzlich zu seiner Forschung und Lehrtätigkeit in Harvard auch ein Start-up namens *Carbon Engineering* mit Sitz in British Columbia gegründet hat, welches die »Air-to-Fuels«-Technologie zur Absorption von CO_2 aus der Luft und dessen Umwandlung in synthetische Brennstoffe entwickelt. Das Unternehmen hält, wie es üblich ist, Patente. Die Firma hat sich zum Ziel gesetzt, diese Technologie wesentlich billiger zu machen. Kohlendioxidentfernung hat zwar nichts mit solarem Geoengineering zu tun, wird aber manchmal unter »Geoengineering« zusammengefasst.[26] Bei oberflächlicher Betrachtung oder sogar, wenn man ansonsten gut informiert ist, kann man die beiden Begriffe offenbar leicht verwechseln – ob versehentlich oder absichtlich, um Verwirrung zu stiften. All diese Entwicklungen haben zu dem ungewöhnlichen Schritt geführt, einen externen Beratungsausschuss für SCoPEx einzuberufen. Formell untersteht er dem Dekan der Harvard School of Engineering and Applied Sciences und Harvards stellvertretendem Provost für Forschung.[27] Gleichzeitig – und zum Teil inspiriert von den Aktivitäten der Harvard-Gruppe – beriefen die National Academies ein Gremium ein, dessen vielversprechend klingende Aufgabe lautete: »Entwicklung einer Forschungsagenda und von Ansätzen der Forschungs-Governance für Klimainterventionsstrategien, bei denen das Sonnenlicht zur Kühlung der Erde reflektiert wird«. Und genau damit beschäftigt sich seitdem das Gremium, das mittlerweile eine Reihe von »Empfehlungen für die Forschung im Bereich des solaren Geoengineerings und der Forschungs-Governance« herausgegeben hat.[28] Ihr Hauptanliegen betraf ein offenes, transparentes, ganzheitliches Forschungsprogramm zum solaren Geoengineering, über fünf Jahre mit 100 bis 200 Millionen Dollar finanziert, einschließlich kleinerer Experimente im Freien, wo dies nötig erscheint. Außerdem appelliert der Bericht auch an den externen Beratungsausschuss von SCoPEx.

Und damit endet diese Geschichte fürs Erste. Eine Geschichte, die vor allem von den vielen außergewöhnlichen Maßnahmen im Rahmen eines zugegebenermaßen außergewöhnlichen Experiments handelt, das weit über SCoPEx hinausgeht. Dabei ist keins der Details so wichtig wie die Tatsache, dass SCoPEx gleichermaßen ein Governance-Experiment wie ein wissenschaftliches ist. Beides ist unabdingbar, wenn man das solare Geoengineering nicht leichtfertig anwenden möchte.

Zu schnell und/oder zu langsam?

Die Forschung am solaren Geoengineering wurde zu schnell und gleichzeitig unerträglich schleppend betrieben. Man kann gut verstehen, warum die Forschenden auf diesem Gebiet schnell vorankommen wollen und warum die Skeptikerinnen und Skeptiker es lieber langsam angehen möchten – oder die Forschung daran am liebsten ganz einstellen würden. Hinzu kommen die weniger eindeutigen Positionen, jede mit ihrer eigenen wohldurchdachten Begründung.

Selbst diejenigen, die sich aktiv mit dem Thema befassen, äußern manchmal, dass sich die Dinge zu schnell entwickeln. Der jüngste exponentielle Anstieg bei der Geoengineering-Forschung war zu einem großen Teil von den Klimamodellierungsstudien bedingt, aber mehr noch von Untersuchungen in den Sozialwissenschaften und Governance-Analysen.[29] Bei derlei Modellstudien gibt es noch viele offene Fragen und Unsicherheiten.[30] Doch die ersten Einschätzungen sind bereits weitgehend bekannt.[31]

Ein großes Problem besteht darin, dass zusätzliche Modellierungsstudien, die ein winziges Detail untersuchen, das an sich einen wichtigen (wenn auch kleinen) wissenschaftlichen Modellierungsfortschritt bedeuten kann, einfach nur ein Störgeräusch in der Diskussion sind. Bedauerlicherweise tragen die Pressestellen der Universitäten noch dazu bei, indem sie Forschungsergebnisse in ihren Pressemitteilungen aufbauschen und den Erfolg anhand des Medienrummels messen. Die Medien wiederum kommen dem oft nur allzu gerne nach. Statt mit dem Finger auf die Forschung anderer zu zeigen – wenngleich es dazu ausreichend Anlass gäbe –, möchte ich dies am Beispiel meiner eigenen Forschung und der Medienreaktionen darauf illustrieren.

Wake Smith und ich hatten an einer Studie zur Kalkulation der direkten Kosten für das Einbringen von Sulfataerosolen in die untere Stratosphäre gearbeitet.[32] Aus früheren Arbeiten war hervorgegangen, wie gering die direkten Kosten des stratosphärischen Aerosol-Geoengineerings sind, was zu der Schlussfolgerung führte, dass es sich ohne geeignete Governance-Mechanismen nicht um eine Frage des *Ob*, sondern des *Wann* handeln würde. Da diese früheren Studien ihre Mängel hatten, wollten wir uns weiter mit diesem Thema beschäftigen. Wenngleich sich also unsere allgemeinen Schlussfolgerungen nicht grundlegend von den vorherigen Ergebnissen unterschieden, hielten wir es für wichtig, die Ergebnisse zu publizieren. Wir reichten unsere Studie bei *Nature Climate Change* ein, wo sie ohne Überprüfung umgehend abgelehnt wurde. Das ist nicht weiter ungewöhnlich. Wir schickten unser Paper dann an *Environmental Research Letters* – eine gute Alternative zu *Nature*. Dafür sprach zudem, dass die bisher bekannteste Studie zu den Kosten ebenfalls dort veröffentlicht worden war.[33] Im Anschreiben begründeten wir sorgfältig, warum unser Paper einen kleinen, aber wichtigen Beitrag leistete, der eine Publikation rechtfertigte. Das sahen die Herausgeber genauso, und nach einem Standard-Überprüfungsprozess ging das Paper in die Pipeline für die Veröffentlichung.

Schauen wir uns jetzt an, was Anfang November 2018 geschah. Laut den Herausgebern kann man nun jeden Tag mit der Veröffentlichung rechnen. Die Pressestelle der Zeitschrift weist per E-Mail darauf hin, das Paper verdiene eine Presseerklärung. Ich habe ihren Entwurf dazu überarbeitet, alles scheint gut zu laufen. Der im Vereinigten Königreich ansässige Verlag schlägt als Veröffentlichungsdatum den 23. November vor, auf den in den USA der *Black Friday*, also der Feiertag nach Thanksgiving fällt – kein geeigneter Termin, um etwas zu veröffentlichen, dass Aufmerksamkeit auf sich ziehen soll. Ich schicke also eine Ankündigungsmail für das Paper an ein paar Kolleginnen und Kollegen und merke darin scherzhaft an, dass sich wegen des Datums niemand dafür interessieren wird.

Eine einzige Zeitung kontaktiert uns vor Veröffentlichung zu dem Paper. Am Tag vor Thanksgiving sprechen Wake und ich mit dem Umwelt-Redakteur vom Guardian, der einen sachkundigen Artikel schreibt, welcher am nächsten Tag online geht.[34] Darin werden die niedrigen direkten Kosten des Geoengineerings hervorgehoben, einige Einwände genannt und das solare Geoengineering und die Studie selbst gut in den Kontext eingeordnet. So weit, so gut. Am nächsten Tag, dem Black Friday, ist »Klima« das Thema in den Nachrichten. Die nationale Klimaanalyse der USA, *National Climate Assessment*, wird veröffentlicht, inklusive der üblichen Warnungen vor den furchtbaren Auswirkungen eines ungebremsten Klimawandels auf Umwelt und Wirtschaft.[35] Wie gesagt, Klima ist das Thema Nummer eins in den Medien. Da tritt jemand, der seinen Job bei CNN wohl so verstanden hat, dass er die meisten Schlagzeilen liefern soll, auf den Plan. Er fabriziert eine »Story« unter dem Titel: »Die Sonne dimmen – die Antwort auf die globale Erwärmung?« Zwölf Stunden später muss unser Paper mit einer der Kardashian-Schwestern um den ersten Platz bei den Twitter-Trends konkurrieren, und das ist erst der Anfang.[36] Dutzende lokale Ableger von Fox News bringen auf einmal Posts, in denen sie größtenteils die CNN-Story wiederkäuen. Bis heute gehört unser Paper zu denen, die bei *Environmental Research Letters* am häufigsten heruntergeladen wurden. Während ich dieses Buch schreibe, liegt der Stand bei 85.000 Downloads, viele davon vom Thanksgiving-Wochenende 2018.

Ich will hier nicht angeben, sondern ein mahnendes Beispiel liefern; auch als Ausgangspunkt für wichtige Fragen nach dem Tempo – und dem tatsächlichen Wert – von Forschung. Habe ich das Paper verfasst, weil ich darin einen wissenschaftlich wertvollen Beitrag sah? Ja, in der Tat. Und hat die Medienberichterstattung dazu mehr geschadet als genützt? Absolut. Würde ich dasselbe Paper noch einmal schreiben, wenn ich gewusst hätte, welchen Schaden der darauffolgende mediale Sturm anrichten würde? Ich bin mir nicht sicher.

Man könnte jetzt sagen, dass solche Medienscharmützel eben passieren, das geht vorbei. Die wenigsten werden sich an genau dieses erinnern. Das Paper hat jedenfalls dazu beigetragen, mit dem gängigen Trugschluss aufzuräumen, dass umgebaute Flugzeuge, vielleicht sogar umgebaute Business-Jets, geeignet für solares Geoengineering wären. Das sind sie höchstwahrscheinlich nicht. Man müsste ein neues, hochfliegendes Flugzeug entwickeln – was tatsächlich weder technisch noch wirtschaftlich ein unüberwindbares Hindernis bedeutet. Forschende sollten sich nicht durch die Sorge, wie ihre Argumentation auf Twitter klingen könnte, von einer Veröffentlichung dort abhalten lassen. Und vielleicht muss man hinzufügen, dass auch etwaige Medienaufmerksamkeit keine Motivation für ein Forschungsprojekt sein sollte.

Man könnte jedoch auch einen weitaus (selbst-)kritischeren Ansatz wählen: Solares Geoengineering ist zum Glück und (vielleicht vor allem) leider ein sehr exponiertes Forschungsfeld, bei dem es leicht zu Verzerrungen kommen kann. Es gilt noch viele wichtige Aspekte zu klären – und genau das ist der Punkt: Die Forschenden sollten sich auf diese wichtigen Fragen konzentrieren, nicht aufs Dünnbrettbohren, um ihren Lebenslauf aufzuhübschen.

Es ist relativ einfach, ein bestehendes Klimamodell noch einmal mit etwas anderen Annahmen laufen zu lassen – oder gar mit einer ganzen Reihe von Annahmen, die mutmaßlich ausreichend kontroverse Ergebnisse liefern, um veröffentlicht zu werden. Sehr viel schwieriger ist es, grundlegende Fehler in bestehenden Modellen zu finden oder ein Forschungsprogramm aufzubauen, das den Wissensstand grundlegend verbessert. Die Forschung könnte sich einerseits einfach zu schnell entwickeln, als gut für den gesamten Bereich ist, was mehr Koordination zwischen den Forschenden und einzelnen Forschungsvorhaben nötig macht.

Genauso gut könnte die Forschung zu langsam voranschreiten. Ich möchte hier gar nicht mit der geringen Forschungsfinanzierung im Verhältnis zur möglichen Bedeutung des Themas argumentieren.[37] Vielmehr könnte es besonders für diejenigen zu langsam gehen, die dem Geoengineering insgesamt skeptisch gegenüberstehen, weil noch relativ wenige Forschende auf dem Gebiet tätig sind und dies wiederum zu einheitlichem Gruppendenken führen könnte.

Ohne hier eine umfassende Kritik an der europäischen und nordamerikanischen Dominanz in der Wissenschaft liefern zu wollen, ist die fehlende geografische Repräsentation offensichtlich ein Problem.[38] Hier versucht die *SRM Governance Initiative* anzusetzen. Ihr Fonds *Country Impacts Modeling Analysis for SRM (DECIMALS)* stellt Forschungszuschüsse für Teams in Argentinien, Bangladesch, Benin, Indonesien, Iran und andernorts zu Verfügung. Erst 2020 veröffentlichte ein afrikanisches Forschungsteam die erste Analyse potenzieller Auswirkungen von solarem Geoengineering auf Afrika.[39] Zudem herrscht allgemein noch der Eindruck vor, es gäbe zu viele unbeantwortete Fragen, um endgültige Schlussfolgerungen zu ziehen. Ein weiteres Klimamodell bietet hier keine ausreichende Antwort. Es bedarf einer erheblichen Erweiterung der Forschung – sowie einer Diversifizierung der Forschenden.

Forschung zu welchem Zweck?

Die wichtigste Frage bei der Erforschung des solaren Geoengineerings lautet: »Zu welchem Zweck?« Geleitet vom Prinzip »nicht *ob*, sondern *wann*« ist die Antwort eindeutig: um sich auf das Unvermeidliche vorzubereiten. Das schlimmste Szenario wäre, schließlich in eine Umsetzung der Technologie hineinzurutschen, ohne ausreichende Kenntnisse zu haben, wie sie zu steuern oder im schlimmsten Falle sogar zu stoppen ist. Daher ist es unabdingbar, die Risiken und Ungewissheiten zu erforschen und dabei die Liste der möglichen Gefahren sowohl einzugrenzen als auch zu vertiefen.

Wie im vorherigen Kapitel dargelegt, ist die Liste von Alan Robock hier ein guter Ausgangspunkt, mehr aber auch nicht. Wir müssen mehr darüber herausfinden, welche Risiken wichtig sind und auf welche wir uns konzentrieren müssen. Das bedeutet auch, einige davon als weniger wichtig oder als lösbare Probleme zu betrachten. Gleichzeitig sollten wir uns Gedanken über die möglichen zukünftigen Einsatzszenarien für das solare Geoengineering machen und überlegen, was getan werden kann, um sie in Richtung einer vernünftigen, vorsichtigen, »rationalen« Umsetzung zu lenken.

Teil II

Szenarien

Achtung

Was Sie gleich lesen werden, ist falsch. Jedenfalls wird es sich wahrscheinlich als falsch herausstellen. Ich weiß nicht, wer am 20. Januar 2025 als Präsidentin der Vereinigten Staaten vereidigt wird. Ich weiß nicht, was auf den Philippinen im Jahr 2035 oder in Saudi-Arabien im Jahr 2045 geschehen wird. Das liegt in der Natur von Zukunftsszenarien. In ihrem Versuch, realistisch zu erscheinen, haben sie doch stets ein Element der Fiktion – können aber auch recht hilfreich dabei sein, eine mögliche Zukunftsentwicklung zu skizzieren und die eigene Strategie auszurichten.

Der Öl- und Gaskonzern Royal Dutch Shell ist berühmt für seine Szenarienplanung. 1998 wurde ein internes Dokument öffentlich, das der niederländische Journalist Jelmer Mommers zutage förderte. Darin wurden zwei Szenarien mit den Titeln »The New Game« und »People Power« vorgestellt.[1] Letzteres prognostiziert für das damals noch ferne Jahr 2020 eine von Jugendlichen geführte »Direktkampagne gegen Unternehmen [für fossile Brennstoffe]«. In diesem Szenario ereilt diese Unternehmen dasselbe Schicksal wie die Tabak-Firmen – damals wie heute sicherlich beängstigend für jeden Verantwortlichen des Shell Planungsteams. Das Szenario ähnelt auch in beklemmender Weise unserer heutigen Realität mit einer starken, von Jugendlichen angeführten Klimabewegung, die sich aktiv und effektiv gegen fossile Brennstoffe und Unternehmen dieser Branche positioniert.

Ob Shell wohl die Geburt von Greta Thunberg vorausgeahnt haben mag? Nein, natürlich nicht. Aber war es sinnvoll, ein solches Szenario zu durchdenken, um im Fall der Fälle besser vorbereitet zu sein, falls eine solche von Jugendlichen angeführte Bewegung aufkommen sollte? Vermutlich schon.

Und das ist hier auch mein Ziel. Ich treffe keine Aussagen darüber, wie wahrscheinlich diese Szenarien sind. Doch ich halte es für sinnvoll, sie durchzuspielen. Nicht, weil eines der Szenarien genau so eintreten wird, sondern weil sich in der Realität durchaus Elemente von einem, zwei oder möglicherweise allen drei dieser Szenarien wiederfinden könnten, die ich in den folgenden Kapiteln beschreibe.

4.

Die »rationale« Klimapolitik

Montag, 20. Januar 2025, 12:00 Uhr, der große Tag: Eine neue US-Präsidentin tritt ihr Amt an. Die letzten vier Jahre waren von einer heftigen wirtschaftlichen Rezession geprägt, gefolgt von der katastrophalen Präsidentschaft Donald Trumps und seinem jämmerlichen Scheitern angesichts der Covid-19-Pandemie. Joe Bidens darauffolgende Amtszeit erschöpfte sich in der Ankündigung einer Periode des Wandels. 2023, nach zwei Jahren schmerzhafter wirtschaftlicher Einschnitte und Abrechnung mit der Vergangenheit sowie der Rückbesinnung auf Wissenschaft und faktenbasierte Politikgestaltung in Washington hieß es für die Wirtschaft wieder: Volle Kraft voraus. Im Rahmen grüner Konjunkturprogramme flossen Billionen von Dollar in hocheffiziente, kohlenstoffarme Infrastrukturen auf der der ganzen Welt. Von Berlin bis Beijing setzten Regierungen auf die (partielle) Verstaatlichung von Fluggesellschaften und Energiekonglomeraten, um sich neu zu orientieren und die Bewältigung offensichtlicher systemischer Risiken in den Blick zu nehmen – vor allem das Klima.[1]

Jetzt, mit Kamala Harris – damals Bidens Vize, jetzt Präsidentin – und einem sie unterstützenden Kongress und Supreme Court scheinen die Vereinigten Staaten bereit für eine noch ehrgeizigere Klimapolitik. Die EU, China und viele andere liefern sich einen Wettlauf um die strengsten Verpflichtungen. Indien kündigt sein erstes absolutes CO_2-Emissionsziel an. Ein gemeinsames Verständnis dessen, was auf dem Spiel steht, und eine enge globale Zusammenarbeit der entscheidenden Regierungen hat zu einem weltweiten Rennen um den Spitzenplatz in der Klimapolitik geführt. Infolgedessen sind die globalen jährlichen Treibhausgasemissionen in dieser Dekade jedes Jahr zwischen ein und drei Prozent zurückgegangen.

Doch selbst dieses Tempo ist nicht *annährend* schnell genug, um bis zur Mitte des Jahrhunderts eine Dekarbonisierung der Wirtschaft zu erreichen. Daher wird man sich nach und nach unter den Spitzenbeamtinnen und -beamten der Harris-Regierung einig, dass man mit zusätzlichen Strategien mehrgleisig fahren sollte: mehr Tempo bei der Forschung, Entwicklung, und dem Einsatz von Technologien zur Kohlendioxidentfernung und Erforschung des solaren Geoengineerings.

Das US-Energieministerium soll eine nationale Strategie zur Kohlendioxidentfernung entwickeln und zügig vielversprechende Technologien einsetzen. Regierungsaufträge und die Aussicht auf eine grundlegende Steuerreform inklusive einer nationalen Kohlenstoffsteuer von über 100 Dollar pro Tonne Kohlendioxid bis 2030 spornen nach und nach die Privatwirtschaft an, tragfähigere Geschäftsmodelle zu entwickeln. Exxon ist mit an Bord. Nachdem eine grundlegende Reform der Wahlkampffinanzierung das »Geschäftsmodell« einer Reihe von Ölkonzernen unrentabel gemacht hat, konzentrieren sie sich auf ihre Rolle als »Kohlenstoff-Unternehmen« im wahrsten Sinne des Wortes. Bisher hatte das vor allem bedeutet, fossilen Kohlenstoff zu fördern und in Form von Öl oder Gas an die Weltwirtschaft zu liefern. Im Rahmen dieses neuen Geschäftsmodells wird Kohlenstoff aus der Atmosphäre entnommen und dann entweder als flüssiger Brennstoff zur Verfügung gestellt oder direkt unter der Erde vergraben.

Die Wetter- und Ozeanografiebehörde der USA sieht ein jährliches Budget von etwa 100 Millionen Dollar für konzertierte Forschung im Bereich der stratosphärischen Aerosole vor. Das war gelinde gesagt der umstrittenste Teil von Harris' Klimastrategie. Aber selbst viele Grüne sind inzwischen dafür, nachdem sie am eigenen Leib erfahren haben, dass selbst die ehrgeizigsten Pläne nicht gegen alle Auswirkungen des Klimawandels und das dadurch verursachte Leid helfen. Das *napkin diagram*, »Serviettendiagramm«, mit seiner grobe Skizzierung verschiedener Klimareaktionen ist inzwischen zum Symbol für eine umfassende Klimapolitik avanciert (siehe Abbildung 4.1).

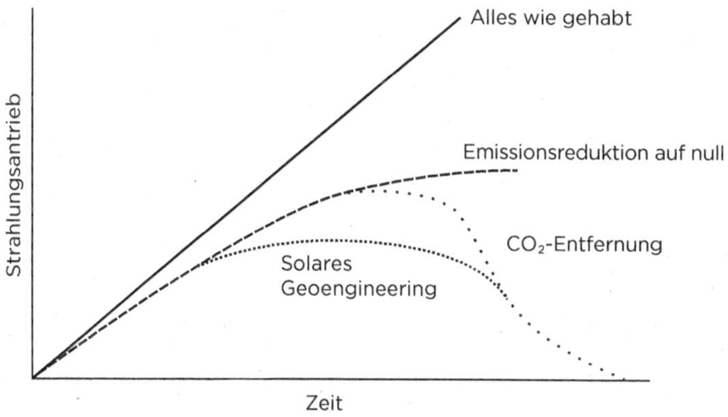

Abbildung 4.1: Skizze eines klimapolitischen Portfolios mit den Klimaauswirkungen (»Strahlungsantrieb«), einschließlich Emissionsreduktion auf null, Kohlendioxidentfernung und solarem Geoengineering.[2]

Schon eine umfassende Dekarbonisierungsstrategie setzt eine enge globale Zusammenarbeit voraus. Umso mehr gilt das für alles, was auch nur ansatzweise einer vernünftigen Strategie für das solare Geoengineering nahekommt. Bisher kann das Vorgehen eines oder zweier einzelner Länder – selbst der USA oder Chinas – nicht so schnell das weltweite Klima verändern, sei es in die eine oder andere Richtung (bisher sah es ja eher nach einer

Verschlechterung aus). Genau das macht die Reduktion der Kohlendioxidemissionen so schwierig. Auch die Kohlendioxidentfernung verläuft nur langsam. Man darf zwar auf die schnellen technologischen Durchbrüche hoffen, die wir so dringend brauchen, aber ein sofortiger oder verstärkter Einsatz von Strategien zur Kohlendioxidentfernung ist nicht möglich. Das sieht beim solaren Geoengineering ganz anders aus.

Jeglicher globale Koordinierungsversuch beim solaren Geoengineering erfordert in der Tat eine enge globale Zusammenarbeit zwischen allen beteiligten (Haupt-)Akteuren. Dies könnte ein paar Länder oder viele Staaten und Institutionen wie die gesamte Europäische Union beinhalten.[3]

Hier dürfte es vernünftig sein, alles auf der höchstmöglichen Ebene zu koordinieren, idealerweise seitens der UN-Generalversammlung, die mit einer Resolution einen koordinierten Einsatz genehmigt. Eine beliebige Anzahl anderer multilateraler Institutionen, von UN-Organisationen bis multilateralen Foren wie die G20, könnte ähnlich involviert werden.

Zudem wäre es wünschenswert, die Politik so weit wie möglich aus der unmittelbaren Beaufsichtigung der Forschung herauszunehmen, beispielsweise mithilfe eines globalen Konsortiums der nationalen Akademien der Wissenschaften oder vielleicht durch ein völlig unabhängiges beratendes Fachgremium. Andererseits ist das in unserer hypothetischen, hyperrationalen Welt vielleicht weder notwendig noch wünschenswert. Schließlich sollte die Politik – zumindest eine halbwegs rationale – eine Rolle bei der Steuerung des solaren Geoengineerings im weiteren Sinne spielen.

Zurück zur Realität

Das ist natürlich alles rein fiktiv, so etwas wie eine »rationale« Klimapolitik gibt es ebenso wenig wie den einen großen »Sozialplaner«, der immer wieder in den Sozialwissenschaften und vor allem in Modellen der Ökonomie genannt wird. Mehr noch, selbst wenn es ihn gäbe, wäre es schwierig, sich auf die Details der generellen Klimapolitik und des solaren Geoengineerings im Besonderen zu einigen.

Wer stellt den Thermostat ein und auf welche Temperatur? Der Graph in Abbildung 4.1 trifft nebenbei einige wichtige Entscheidungen, nicht zuletzt indem er die massive-CO_2-Reduktion an erste Stelle setzt. Dabei macht die Kohlendioxid-Entnahme die Differenz zu jedem vereinbarten Klimaziel aus, zum Beispiel die (letztendliche) Begrenzung der durchschnittlichen globalen Erwärmung auf zwei Grad. Für eine Begrenzung der Erderwärmung auf 1,5 Grad wären weitaus ehrgeizigere Maßnahmen zur Abmilderung und Kohlendioxidentfernung oder deutlich mehr solares Geoengineering notwendig, beziehungsweise vermutlich beides. Selbst in einer vollkommen rationalen Welt dürften diese Fragen schwer zu beantworten sein, und in der Realität ist es fast unmöglich.

Die eigentliche Frage ist also nicht die nach dem Sinn dieses »rationalen« Klimapolitik-Szenarios, sondern danach, was nötig wäre, um sich einer globalen Klimapolitik anzunähern, wie sie in Abbildung 4.1 skizziert ist: Welche Kräfte sind da am Werk, die die Welt in Richtung eines solchen Szenarios treiben könnten, und welche würden sie von einem solchen Szenario wegbewegen?

Sicher ist, dass für jede halbwegs rationale Klimapolitik die Klimaschutzmaßnahmen deutlich aufgestockt werden müssen. Solares Geoengineering kann nicht die gesamte, immer weiter aufklaffende Lücke zwischen dem Weitermachen wie gehabt und einem stabilisierten Weltklima ausgleichen. Bestenfalls könnte es helfen, die schlimmsten Klimaauswirkungen abzufedern, und so ein langer Übergang von der Gegenwart zu einer kohlenstoffarmen Zukunft sein.

Man würde sowieso bei jedem »rationalen« Einführungsprogramm relativ langsam einsteigen, so etwa 100.000 Tonnen Sulfur in die untere Atmosphäre einbringen und circa

200.000 Tonnen SO_2 verteilen. Diese Menge würde sich linear um etwa 200.000 Tonnen SO_2 pro Jahr steigern. Angesichts der heutigen Temperaturveränderungsrate ist dies gleichbedeutend mit dem Versuch, den Anstieg der globalen Durchschnittstemperaturen mithilfe dieses Aerosol-Einsatzes in der Stratosphäre zu halbieren, während die andere Hälfte durch die Senkung der CO_2-Emissionen zu erreichen wäre.[4]

Es kommt ganz auf die Governance an – aber was genau ist das?

An all dem wird deutlich, dass die technischen und wissenschaftlichen Aspekte des solaren Geoengineerings zwar wichtig, aber bloß ein Ausgangspunkt sind. Die wichtigsten Fragen drehen sich darum, wie die Technologie – oder die Technologien – letztendlich aussehen könnten.

Mit der Governance kann man jedoch nicht erst bei der Einführung des solaren Geoengineerings beginnen. Technologien entstehen nicht in einem Vakuum. Sie werden durch individuelle Forschungsvorhaben, Finanzierungsprioritäten und institutionelle Einflüsse geformt. All diese Faktoren treiben auch die Governance bei Forschung und Koordinierung voran. Ein mögliches Klimaszenario auf eine Serviette zu malen, ist das eine. Etwas ganz anderes ist es, eine umfassende Forschungsstrategie zu entwickeln, die den Weg dorthin ebnen könnte.

Das globale Konsortium der nationalen Akademien der Wissenschaft mag bislang rein hypothetisch sein, ist aber vielleicht gar nicht so weit entfernt von dem, was sich bereits abzeichnet. Einer der ersten umfassenden Berichte zum Geoengineering aus dem Jahre 2009 stammte von der britischen Royal Society.[5] Der erste Bericht der U. S. National Academies of Science, der Geoengineering erwähnte, wurde 1992 veröffentlicht.[6] Der umfassendste Übersichtsbericht der National Academies zu dem Thema wurde 2015 veröffentlicht,[7] der aktuellste aus dem

Jahr 2021 hat vor allem einen Forschungsplan und die Governance im Blick.[8] Inzwischen finanzieren sowohl die Chinesische Akademie der Wissenschaften als auch die Chinesische Akademie der Sozialwissenschaften Forschungsarbeiten im Reich der Mitte, während die SRM Governance Initiative hier hauptsächlich in Entwicklungsländern investiert. All das ist nicht ausreichend für eine globale Forschungskoordinierung, aber es sind wichtige Bausteine.

Außerdem gibt es mittlerweile einige private Foren und Initiativen. Am bedeutsamsten ist hier vielleicht die Carnegie Climate Governance (C2G) Initiative unter der Leitung von János Pásztor, ehemals ein Top-Klimaberater des UN-Generalsekretärs Ban Ki-moon und Policy Director des World Wildlife Fund for Nature. Die C2G gibt wichtige Denkanstöße und befördert die internationale Koordinierung. Man kann bestimmte Fortschritte schwerlich einer Gruppe direkt zuordnen, aber die C2G hat in jedem Fall einen großen Teil dazu beigetragen, die Gespräche voranzubringen. Zunächst hatte sie sowohl die Kohlendioxidentfernung als auch das solare Geoengineering im Blick und brachte beide Themen in wichtige Debatten wie etwa die Diskussion über die UN-Ziele für nachhaltige Entwicklung ein.[9] Seit 2020 ist das Thema Kohlendioxidentfernung im Klimadiskurs so präsent, dass sich die C2G mittlerweile ausschließlich auf das solare Geoengineering konzentriert. Die C2G hat ein breit gefächertes Aufgabenspektrum, das jedoch ganz klar definiert ist. Ihr Hauptanliegen ist es, »die Gespräche von den Wissenschafts- und Forschungsgemeinschaften auf die Arena der globalen Entscheidungsträgerschaft auszuweiten.«[10] Die C2G hat sich selbst ein Limit von drei bis vier Jahren gesetzt. Sobald ihre Aufgabe, das Thema in verschiedenen Foren wie möglicherweise der UN-Generalversammlung unterzubringen, erfüllt ist, will sie ihre Tätigkeit einstellen.

Die Mission der C2G ist in vielerlei Hinsicht genau das, was Governance ist und sein sollte: ein Gesprächsforum für diejenigen, die die globale Klimapolitik steuern. Nicht mehr, aber sicherlich auch nicht weniger. Hier tummeln sich auch die Lobbyistinnen und Lobbyisten, die ihren jeweiligen Standpunkt durchdrücken wollen. Gute Wissenschaft braucht auch Fürsprache. Doch am Ende ist es an der Politik zu handeln – hoffentlich geleitet von fundierten wissenschaftlichen Erkenntnissen und einem einvernehmlichen Plan für eine Zukunft unseres Planeten.

5.
Stürmische Zeiten

Bei dem nächsten Szenario bewegen wir uns von der »rationalen« zur realen Welt und von 2025 nach 2035, 2045 oder vielleicht noch viel näher ans Jetzt heran.

Manila erholt sich gerade von einem weiteren tropischen Wirbelsturm der Spitzenklasse, wieder haben Millionen von Menschen ihr Zuhause verloren. Die philippinische Wirtschaft hat noch mit den Auswirkungen der Stürme vom letzten Jahr zu kämpfen – drei Superzyklone innerhalb von zwei Monaten. Doch selbstverständlich stehen nicht nur die Philippinen vor massiven Herausforderungen. Auch in Mosambik gibt es immer heftigere Stürme aufgrund ungewöhnlich hoher Oberflächentemperaturen der Ozeane nicht nur in der Küstenregion. Im Golf von Mexiko herrscht ständiger Ausnahmezustand, und weltweit gehen die Temperaturen durch die Decke.

Saudi-Arabien hat den diesjährigen Haddsch aufgrund gesundheitlicher Bedenken gestrichen. Aber anders als beim letzten Mal, als die Pilgerfahrt aufgrund der Corona-Pandemie für ausländische Reisende abgesagt wurde, hingen die Bedenken diesmal mit den Rekordtemperaturen zusammen. Gesundheitsexpertinnen und -experten warnen, dass die Rekordhitze im Nahen Osten ansonsten für Zehntausende Pilgernde den Hitzetod bedeuten würde. Indiens Unabhängigkeitstag trifft ein ähnliches Schicksal, die Feierlichkeiten in Neu-Delhi werden abgesagt, und für fast eine halbe Milliarde Menschen gelten Ausgangsbeschränkungen. Ganz zu schweigen von den überdurchschnittliche Dürren, Waldbränden und anderen Wetterextremen, die bereits die österreichische Ski- und die australische Strandsaison fast auf einen Schlag zunichtemachten.

»Über dem Durchschnitt« hat natürlich jegliche Bedeutung verloren. Wetterextreme sind das neue Normal.[1] Auch wenn nichts davon überraschend kommt, trifft die Heftigkeit der Ereignisse selbst die besten Klimaforschenden unvorbereitet. Eine mittlerweile legendäre Studie aus dem Jahr 2020 hatte prognostiziert, bis 2070 würden ein bis drei Milliarden Menschen »nicht mehr unter den Klimabedingungen leben, mit denen die Menschheit in den letzten 6.000 Jahren gut über die Runden gekommen ist«.[2] Dieses Datum ist immer weiter nach vorne gerückt, es herrscht furchtbares Leid.

Selbst die radikalsten städtischen Anpassungspläne müssen alle paar Jahre nachgebessert werden – und zwar nicht wegen des immer schnelleren Anstiegs des Meeresspiegels, der allein schon schlimm genug ist und die Stadtplanenden zur Verzweiflung treibt. Nein, viel schlimmer sind die rasant zunehmenden Extremereignisse. Varianten des ikonischen Weltklimarat-Graphs von 2007 (siehe Abbildung 5.1) sind mittlerweile fester Bestandteil in den Geschichtsbüchern der Mittelstufe sowie im täglichen Wetterbericht. Die Frequenz der extremen Klimaereignisse treibt einige Länder zu immer verzweifelteren Maßnahmen. Australien hat erste Feldversuche zur Aufhellung von Meereswolken begonnen, um die letzten Reste des Great Barrier Reef zu retten.[3] Die Bemühungen sind vielversprechend, liefern aber keine eindeutigen Ergebnisse, was endgültige Schlüsse schwierig macht.

In der Zwischenzeit hat man sich auf den frühzeitigen Einsatz einer anderen vielversprechenden, aber riskanten und noch nicht erprobten Methode verständigt: stratosphärische Aerosole. Die Philippinen sind bereit, als Startplatz zu dienen.

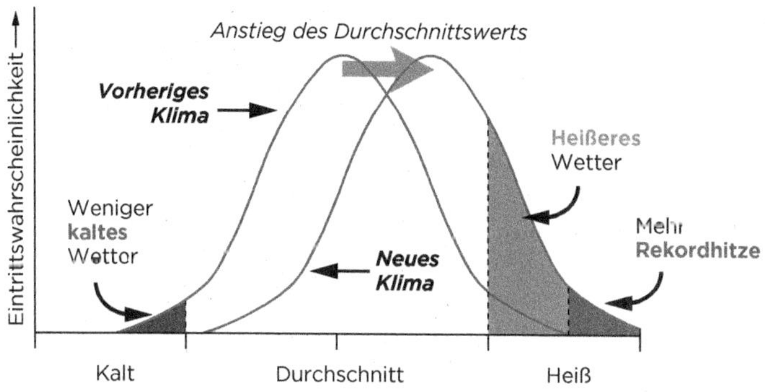

Abbildung 5.1: Grafik des Weltklimarates, die verdeutlicht, wie bereits ein relativ kleiner Anstieg der globalen Durchschnittstemperaturen zu einem Anstieg von Wetterextremen führen kann.[4]

Australien sagt finanzielle Unterstützung und technisches Fachwissen zu. Norwegen, Schweden und Dänemark unterstützen das Vorhaben aus humanitären Gründen, wobei sie innerhalb der Europäischen Union einen Alleingang unternommen haben. (Die Grünen, die immer noch Teil der Regierungskoalition sind, haben jegliche Bemühungen in Deutschland und damit auf EU-Ebene blockiert.) Alle anderen, einschließlich der Vereinigten Staaten und China, schauen apathisch zu; Indien und Nigeria sind stillschweigende Unterstützer. Es ist der Startschuss für intensive Bemühungen, innerhalb eines Jahrzehnts hochfliegende Flugzeuge zu entwickeln und in den Einsatz zu schicken.

Die Allianz arbeitet unter Hochdruck und will den ersten Flug in drei Jahren starten. Airbus und Boeing beteiligen sich nicht an Ausschreibungen um die Rechte für die Flugzeugherstellung, aber Bombardier, Embraer und zwei kleinere Start-ups haben ihre Dienste angeboten. Letztendlich gewinnt Embraer, unterstützt von Brasilien, die Ausschreibung für den Bau eines Flugzeugs mit enormer Spannweite und großem Rumpf.[5] Brasilien, das sich mit einer klimatischen Notlage und Waldbränden in großen Teilen des Amazonasgebietes konfrontiert sieht, schließt sich offiziell der Allianz der Staaten an. Mehrere andere Unternehmen, die zunächst zögerten, leisten ebenfalls einen Beitrag. Rolls Royce liefert die Flugzeugtriebwerke.

Eine politische Notfallstrategie, die schnell an Fahrt aufnimmt

Forschende preisen ihre Erkenntnisse an, ein »Rotes Team« entsteht, das sich auf die Risiken konzentriert, während andere ein »Blaues Team« gründen, um die nötigen Maßnahmen umzusetzen. Ein paar SCoPEx-Ballonflüge von Harvard, die Mitte der 2020er-Jahre durchgeführt wurden, sind noch immer die einzigen Experimente mit stratosphärischen Aerosolen im Freien. Kalziumkarbonat erscheint aufgrund seiner optischen Eigenschaften zwar als die vielversprechendste Verbindung, die Allianz entscheidet sich jedoch für die »sicherere« Variante Schwefeldioxid und beruft sich dabei auf den Ausbruch des Pinatubo im letzten Jahrhundert als »natürliches« Vorbild.[6] (Der philippinische Nationalstolz scheint eine kleine, aber nicht unbedeutende Rolle bei dieser endgültigen politischen Entscheidung zu spielen.)

Während die Allianz weiter Druck macht, gibt es immer wieder Sitzungen des UN-Sicherheitsrats und der UN-Generalversammlung. Beide scheinen unwillig und unfähig, sich auf einen Aktionsplan zu einigen, sei es bezüglich humanitärer Sofortmaßnahmen oder hinsichtlich der Abschwächung des Klimawandels im Vorhinein. (Einige Länderdelegationen plädieren dafür, das solare Geoengineering als Abschwächungsmaßnahme anzusehen; die meisten sehen das aber anders.) Inzwischen haben sich den Philippinen, Australien und den drei nordischen Ländern ein paar afrikanische Länder und kleinere Inselstaaten angeschlossen. Viele andere, allen voran Deutschland, verurteilen die Vorgehensweise offiziell, sind aber insgeheim erleichtert.

Die Allianz handelt rasch, wie es der Notsituation angemessen ist. Anstatt 200.000 Tonnen SO_2 im ersten Jahr einzubringen und linear um 200.000 Tonnen pro Jahr zu erhöhen, wie es beim »rationalen« Ansatz der Fall wäre, plant man die Verteilung von einer Million Tonnen SO_2 im ersten Jahr. Diese Menge dürfte die globalen Durchschnittstemperaturen um etwa 0,1 Grad reduzieren. Die Allianz plant, die Menge im zweiten Jahr zu verdoppeln und in den ersten zehn Jahren jeweils um eine Million Tonnen SO_2 zu steigern. In der Wissenschaft reagiert man höchst beunruhigt auf dieses Tempo. Aber mittlerweile werden die Entscheidungen weitgehend von der Politik bestimmt, Verzweiflung führt zu radikalen Schritten.

Neuseeland hat sich inzwischen der Allianz angeschlossen. Die ehemalige Premierministerin Jacinda Ardern, die sich während der Corona-Krise in den frühen 2020er-Jahren bewährt hat, steht jetzt *The Elders* vor, einer unabhängigen Gruppe von politischen Akteurinnen und Akteuren aus der ganzen Welt, die die Bemühungen formal koordinieren will. Die Entwicklungen gehen schnell, aber nicht ohne Widerstand vonstatten, die versprochene radikale Transparenz scheint sich auszuzahlen. Was die Allianz vorhat, wirkt einerseits radikal und riskant, aber dennoch in sich schlüssig.

6.

Geoengineering – alle und überall

Wir befinden uns immer noch im Jahr 2035, vielleicht auch 2045, aber niemand weiß so recht, wann das alles angefangen hat. Vielleicht mit ein paar Dutzend experimentellen Ballons, die in die untere Stratosphäre geschickt wurden. Oder mit dem geheimen Railgun-Experiment des saudischen Militärs, das die Militäranalystinnen und -analysten von Mossad und CIA vollkommen aus dem Konzept brachte. Irgendwie zeigten die Railguns immer nur direkt in den Himmel – im Nachhinein war klar, was da ablief.

Im Rahmen erster Experimente versuchte man kleine Mengen – vielleicht 5, 10 oder 20 Kilo SO_2 auf einmal – in die untere Stratosphäre zu schicken. Das Ganze beginnt fast als eine Art Witz – ein paar Bastelwütige kaufen auf Alibaba Ballons für 20 Dollar das Stück. Doch anstatt ihre GoPros damit loszuschicken, um die Erdkrümmung zu filmen, versuchen sie jetzt eine winzige Menge SO_2 freizusetzen, wenn der Ballon kurz in der unteren Stratosphäre schwebt.

Auswirkungen auf das Klima: keine. Die ersten Versuche: nicht nachweisbar. Kurzlebigen Ruhm erlangt ein Hobbybastler mit einem Video, auf dem ihm sein Kanisterchen SO_2 quasi ins Gesicht explodiert, was ihm fast den Negativpreis Darwin Award einbringt. Das Video geht kurz viral und gerät dann in Vergessenheit.

Auch bei den Experimenten der Saudis, die Railguns auf dem Wasser stationieren, gibt es Pannen. Die meisten werden vertuscht oder als militärische Ausbildungsunfälle abgetan. Kleine Dosen eines starken Industriegases 20 Kilometer hoch in die Luft zu ballern, ist überraschenderweise gar nicht so einfach. Bald kommen Raketen ins Spiel, zum Teil unter dem Deckmantel des relativ neuen saudischen Raumfahrtprogramms. Unter Weltraumbeobachterinnen und -beobachtern ist es mittlerweile zum Running Gag geworden, dass es die meisten saudischen Raketen nie ins All schaffen, viele davon explodieren lange vorher. Nur einige wenige sprechen die Vermutung laut aus, dass dies von Anfang an so geplant war, Teil eines Experiments dazu, wie man immer größere Mengen an Aerosolen in die untere Stratosphäre einbringen könnte.

Hochfliegende Flugzeuge sind die meistdiskutierte Geoengineering-Technik – aus gutem Grund. Weiterhin werden sie als technisch machbar angesehen sowie als relativ billig. Für den Anfang geht man von einem einstelligen Milliardenbetrag pro Jahr aus, gefolgt von einer vielleicht zehnmal so hohen Summe für ein etabliertes Einsatzprogramm.[1] Und selbst wenn es 100 Milliarden Dollar pro Jahr wären, würde der globale Nettonutzen eines kühleren Planeten die direkten Kosten für den Einsatz überwiegen. Die öffentliche Hand kennt nur wenige Maßnahmen mit einem derart günstigen Nutzen-Kosten-Verhältnis – außer vielleicht Impfungen.

Es gibt große potenzielle Risiken, die verantwortungsbewusste, rationale Akteurinnen und Akteure vom solaren Geoengineering abhalten könnten. Aber in der Politik ist man eben nicht immer verantwortungsbewusst oder rational. Befürchtungen, dass ein Einsatzprogramm schieflaufen – oder auch nur als gescheitert angesehen werden könnte –, könnten die Bedenken, gar nicht weiter ursächlich gegen die globale Erwärmung vorzugehen, überwiegen. Eine Politik der Schuldvermeidung ist an der Tagesordnung.[2] Aber was, wenn das alles keine Rolle spielt?

Wenn die Entscheidung über einen Einsatz gar nicht in der Hand der gewählten Entscheidungsträger liegt?

Saudi-Arabien, das prächtig vom Kohlenstoffzeitalter profitiert hat, befindet sich mittlerweile in einer Lose-Lose-Situation. Es ist jetzt das Land, das durch ungebremsten Klimawandel am meisten zu verlieren hätte. In einigen Regionen ist die Hitze bereits bedenklich, und es wird ein weiterer Temperaturanstieg vorhergesagt.[3] Außerdem zählt Saudi-Arabien in einer Welt, die sich zu einer deutlichen Reduzierung der Kohlenstoffemissionen verpflichtet hat, zu den größten Verlierern. Ja, auch Saudi-Arabien hatte sich zu Beginn des 21. Jahrhunderts mit Solarenergie beschäftigt und in ein paar größere Solarprojekte investiert. Man hatte sogar erwogen, langfristig ausschließlich auf Solar zu setzen. Also nach norwegischem Vorbild weiter Öl zu fördern und ins Ausland zu verkaufen und währenddessen die eigene Wirtschaft ganz von fossilen Brennstoffen zu entwöhnen. Allerdings hielt man sich nicht lange an diesen Plan.

Vernünftige Klimapolitik war ein Grund dafür, warum die Saudis diese Strategie verfolgen wollten. Drei Reiter der klimapolitischen Apokalypse tauchten auf: der Rebound-Effekt sowie die räumliche und zeitliche Verlagerung.[4] In Europa und den USA werden Kraftstoffverbrauchsnormen eingeführt und machen das Autofahren dort effizienter. Dadurch sinkt die Ölnachfrage an allen Orten, wo derlei Standards eingeführt wurden, was die weltweiten Ölpreise und damit auch die Ölnachfrage andernorts drückt. Zeitliche Verlagerung, auch das »Grüne Paradoxon« genannt, bedeutet, dass allein die Aussicht auf eine zukünftig strengere Klimapolitik die Saudis und andere motiviert, jetzt noch mehr zu pumpen. Wer oder was auch immer die Schuld an den historisch niedrigen Ölpreisen trägt, insgesamt ist der Effekt deutlich spürbar.

Saudi-Arabien und eine Handvoll Verbündeter in der Region setzten seitdem ausschließlich auf fossile Brennstoffe. Es gilt so viel wie möglich zu pumpen, solange noch jemand bereit ist, für Öl und Gas zu bezahlen. Alles in allem haben die Saudis und ihre Bundesgenossen jeden erdenklichen Anreiz, um solares Geoengineering zu betreiben – und zwar im Geheimen.

Geheim gehalten – aber alles andere als unaufhaltbar

Es ist, gelinde gesagt, schwierig, die globale Durchschnittstemperatur zu senken, ohne dass es auffällt. Und es für immer geheim zu halten, ist keine Option. Ebenso wenig wie das, was die Saudis versuchen: Sie möchten »einfach« ein dezentrales System schaffen, das so metastasiert, dass es schwer oder sogar unmöglich totzukriegen ist. Die Saudis wollen die Aerosole nicht mit speziell entwickelten hochfliegenden Flugzeugen in die Luft bringen, sondern mit Technologien von Ballons bis Railguns.

So ist es ihnen durch die Hintertür gelungen, eine große Pro-Geoengineering-Bewegung bei den Graswurzel-Umweltgruppen der USA und in ein paar europäischen Ländern anzustoßen. Inspiriert von den durch die Saudis finanzierten Social-Media-Aktionen, entwickeln diese Gruppen eine ganz eigene Dynamik und zählen mittlerweile Hunderttausende Mitglieder. Das Mittel ihrer Wahl: selbstgebastelte hochfliegende Ballons, die in der unteren Stratosphäre platzen und je fünf bis zehn Kilo SO_2 freisetzen.

Einige Regierungen versuchen mit aller Macht, diese Versuche zu unterbinden. Die US-Luftfahrtbehörde hat mittlerweile derartige Ballonstarts untersagt, kann aber nur einen winzigen Bruchteil davon stoppen. Besonders beunruhigend ist, dass die chinesische Marine vor der Küste Westafrikas ein autonomes Schiff entdeckt hat, das ebenfalls kleine Mengen von Aerosolen via Railguns auf dem Wasser abgibt.

Insgesamt liegen die saudischen Versuche finanziell in einer anderen Größenordnung als mit einem flugzeuggestützten Einsatzprogramm, aber Kosteneffizienz war nie das Ziel. Außerdem sind die Kosten immer noch relativ gering – wenn man sie mit denen des ungebremsten Klimawandels vergleicht. Der Plan ist es, ein so gut wie unbesiegbares System zu schaffen. Dieses Anwendungsszenario ist quasi das Gegenteil von David Victors »Greenfinger«.[5] Man könnte von »hoch dezentralisiertem solarem Geoengineering« sprechen (Tabelle 6.1). Genau dieses Einsatzszenario haben Jesse Reynolds und ich in einem politikwissenschaftlichen Paper erarbeitet.

Als geeigneter Vergleich lassen sich hier der Drogenhandel und der globale Kampf dagegen heranziehen. Jährlich sind in der Welt 1.500 Tonnen Kokain in Umlauf, wobei etwa 70 Prozent davon aus Kolumbien stammen. Bei Opium sind es circa 10.000 Tonnen mit etwa 80 Prozent aus Afghanistan.[6] Beides würde gut auf einem vollgepackten Containerschiff oder vielleicht einem Güterzug Platz finden. Aber so werden Drogen, deren Handel nirgends legal ist, natürlich nicht verbreitet. Es gibt UN-Organisationen und Abkommen, deren einziges Ziel es ist, dem Drogenhandel ein Ende zu bereiten.

Ungefähre Anzahl derjenigen, die solares Geoengineering einsetzen				
Akteurinnen und Akteure	1	ca. 10	ca. 100	> ca. 1.000
Staatlich	unilateral	mini-lateral	multi-lateral	k/A
Nichtstaatlich	»Green-finger«	leicht dezentralisiertes solares Geoengineering		hoch dezentralisiertes solares Geoengineering
Vermutliche Einbringungs-methode	neugebauter Flugzeugtyp (Einsatzkosten ca. \$ 1,4/kg SO_2)[a]			kleine Ballons (ca. \$ 5/kg SO_2)[b]

[a] Grobe Schätzungen gehen von Kosten in Höhe von etwa 1.400 Dollar pro Tonne Schwefeldioxid (SO_2) aus, die in Form von Schwefel in die Stratosphäre eingebracht und dort verbrannt wird.

[b] Bei Kosten von ca. 25–50 Dollar für einen kleinen Ballon, der ca. 5–10 kg SO_2 transportieren kann.

Tabelle 6.1: Kategorisierung des Einsatzes von solarem Geoengineering nach Art und Anzahl der Beteiligten.[7]

Es herrscht zwar fast vollkommene Einigkeit darüber, dass es den Drogenhandel zu unterbinden gilt, doch nur wenige Schurkenstaaten genügen, um ihn weiter am Laufen zu halten. Sowohl die Herstellung als auch vor allem der Verkauf von Kokain und Opioiden sind stark dezentralisiert.[8] Dem solaren Geoengineering könnte es ähnlich wie in diesem zugegebenermaßen höchst spekulativen Szenario gehen. Es ist zwar nicht so suchterregend wie Drogen, aber einige extreme Umweltschützerinnen oder Umweltschützer sowie staatliche Akteurinnen und Akteure könnten durchaus derartige dezentrale Einsatzmöglichkeiten verfolgen.

Szenarien zwischen Ist- und Sollzustand

Ich möchte hier – noch stärker als bei den ersten beiden Szenarien – hervorheben, wie »hochspekulativ« dies alles zu betrachten ist. Sind diese Szenarien technisch möglich *und* wirtschaftlich realisierbar? Ja, basierend auf unserem heutigen Wissensstand sind sie das. Sind sie wahrscheinlich? Nein. Oder besser gesagt: Ich weiß es nicht, und, wie ich hinzufügen möchte, auch niemand sonst. Ganz sicher sind sie nicht wahrscheinlich im Sinne von, sagen wir, einer Zweidrittel-Eintrittschance, schon gar nicht genau so, wie hier beschrieben. Ich würde auch keinem der Szenarien jeweils eine Eindrittel-Wahrscheinlichkeit einräumen. Aber ich denke, dass in jedem realen Einsatzprogramm durchaus Elemente auftauchen können, die denen dieser Szenarien ähneln.

Jetzt geht es – wie so oft in der politischen Beratung und Analyse – hauptsächlich um das Spannungsfeld zwischen kollektiver »Rationalität« auf der einen und individueller auf der anderen Seite; was man auch als unterschiedliche Nuancen des »Realismus« verbuchen kann. Einerseits haben wir das »rationale« idealisierte Einsatzszenario mit wissenschaftlich fundierter Politikberatung auf Basis transparenter, vernünftiger Entscheidungskriterien. Andererseits gibt es die Realität, die von politischen Launen und Kräften bestimmt wird. Treffend beschrieben wurde dies bereits in Richard Hofstadters Essay *Paranoid Style in American Politics* (Der paranoide Stil der amerikanischen Politik) oder in Abhandlungen wie Niccolò Machiavellis *Der Fürst* sowie in anschaulichen Analysen der Schwierigkeiten der politischen Leitfiguren aller Couleur, irgendetwas in Richtung rationaler Politik durchzusetzen.[9] Die persönlichen Interessen gehen über alles, Pfadabhängigkeiten sind von entscheidender Bedeutung, Reformen gehen ruckartig vonstatten. Nichts davon ist besonders rational, zumindest nicht in dem Sinne, in dem die meisten von uns diesen Begriff verwenden würden.

Es gibt ein weiteres, noch bedeutenderes Spannungsfeld zwischen dem Ist- und dem Sollzustand. Die Meinungen über den Istzustand gehen häufig auseinander, aber noch schwieriger wird es wahrscheinlich bei der erwünschten Perspektive. Selbst wenn sich alle über das, was ist und sein wird, einig wären, ist es nahezu unmöglich, sich darauf zu einigen, wie die Welt aussehen sollte.

Das alles scheint zwar auf der Hand zu liegen, muss hier aber dennoch einmal gesagt werden. So wie in David Humes berühmtem Ausspruch, wonach von einem Sein nicht auf ein Sollen geschlossen werden kann.[10] Mit dem Sollen sind vorgefasste Meinungen über Klimawandel, Klimapolitik und eine mögliche Rolle des solaren Geoengineerings verbunden, außerdem fundamentale Werturteile.

Einige dieser Urteile könnte man besser als Ermessensentscheidung auf Basis der Forschungslage beschreiben. Wie sollte eine bestimmte Studie interpretiert werden? Welche Risiken sind wie wichtig? Wie sollte man bei einer (rationalen) Entscheidung mit den Lücken umgehen?

Und dann gibt es noch die Entscheidungen, die man nicht treffen kann, indem man ein paar Antworten nachschlägt, wo es nicht die eine Wahrheit gibt. Grüne moralische Risiken dürften ganz oben auf der Liste der Werturteile in Bezug auf (solares) Geoengineering stehen. Deren Einschätzung kann durchaus darüber entscheiden, ob man solares Geoengineering als das Wahrscheinlichste oder das Wünschenswerte betrachtet. Im nächsten Kapitel beschäftigen wir uns genau mit dieser Frage.

Teil III

Steuerung

7. Moralisches Risiko in Grün

Als Erstes muss man wissen, dass der Begriff *Moral Hazard* meist falsch verwendet wird.[1] Dabei ist die Lexikon-Definition eindeutig:

> *Moralisches Risiko, Substantiv, beschreibt den fehlenden Anreiz, sich vor Risiken zu schützen, wenn man vor den Folgen geschützt ist, z. B. durch eine Versicherung.*

Tatsächlich gibt es zahlreiche Anwendungsbeispiele. Denken Sie etwa an die Krankenversicherung, wo das Wissen, dass sich einiges im Nachhinein medizinisch regeln lässt, zu riskanterem Verhalten führen könnte.[2] Oder nehmen wir das Anlegen eines Sicherheitsgurts oder die Verwendung eines Kondoms. Beides könnte zu riskanterem Verhalten führen – was teilweise absolut rational ist. Schneller zu fahren, hat schließlich seine Vorteile. Wenn Sicherheitsgurte schnelleres Fahren sicherer machen, dann dürfte es für die Fahrenden selbst absolut rational sein, und das Einführen einer Gurtpflicht ein gesellschaftlich durchaus sinnvoller Schritt.

Doch der Begriff moralisches Risiko wird in zweierlei Hinsicht oft falsch verwendet. Zum einen lässt sich nicht jede nachteilige Reaktion darauf zurückführen. So gibt es zum Beispiel noch viele andere Reiter der klimapolitischen Apokalypse. Man denke an den Rebound-Effekt bei der Energieeffizienz, der besagt, dass Energieeffizienzstandards, durch die z. B. Autos weniger Treibstoff verbrauchen, dazu führen, dass mehr gefahren und damit dieser Effekt konterkariert wird.[3] Dann wären da noch die räumlichen und zeitlichen Emissionsverlagerungen: Maßnahmen, die an einem bestimmten Ort zu einer bestimmten Zeit eingeführt werden, können anderswo Emissionen hervorrufen. Zumindest indirekt könnten diese Emissionanstiege sogar mit Verhaltensänderungen im Sinne des moralischen Risikos zu tun haben. Meist ist das aber nicht der Fall.

Beim moralischen Risiko im Zusammenhang mit Geoengineering ist es nicht anders. Es besteht die Sorge, dass der Einsatz von Kohlendioxidentfernung oder vielleicht noch mehr des solaren Geoengineerings zu einem Anstieg der Emissionen führen könnte.[4] Diese Bedenken sind breiter angelegt als ein übliches moralisches Risiko (jede Form der »Verdrängung« einer Maßnahme durch eine andere) und zugleich viel spezifischer. Anstatt um das moralische Risiko handelt es sich eher um »mitigation deterrance«, also abschreckende Effekte hinsichtlich der Abschwächungsmaßnahmen oder eine regelrechte »Behinderung der Abschwächung«.[5]

Das könnte die bloße Erwähnung einer jeden Technologie betreffen: Eines Tages wird es eine relativ billige technische Lösung geben? Dann Schluss mit den jetzt notwendigen Emissionsminderungen. Eine durchaus berechtigte Sorge. Der ehemalige Chef der Republikaner im US-Repräsentantenhaus Newt Gingrich verfasste 2008 einen Kommentar, in dem er während des letztlich vergeblichen Kampfes im US-Kongress um die Verabschiedung eines umfassenden Klimagesetzes genau so argumentierte.[6] Andererseits: Das ist vermutlich erwartbar von einem hochrangigen Republikaner.

Moralisches Risiko = Politik

Zweitens muss man wissen, dass das moralische Risiko schnell sehr politisch wird. Und das führt häufig zu ungeahnten Wendungen. Wenn die Rechten das moralische Risiko anführen, dann meist mit der Begründung, Handlungsvorgaben würden die Menschen faul machen und amoralisches Verhalten fördern. So etwa bei Krankenversicherung, aber auch bei spezifischeren Richtlinien und Technologien. Dabei wird das moralische Risiko selbstverständlich meist nur auf ungeliebte Politik angewandt. Gesundheitsvorsorge für alle? Moralisches Risiko! Staatliche Rettungsaktionen für die bevorzugte politischen Wählerschaft? Schweigen.

Verhütung und Schwangerschaftsabbrüche sind vielleicht das umstrittenste und damit politischste Beispiel. Ihre bloße Existenz, so die Argumentation, lasse ungeschützten Sex weniger riskant erscheinen und fördere ihn dadurch. (Meine Frau, die als Gynäkologin eine Abteilung für Familienplanung in einem der größeren Krankenhäuser in New York leitet, kann davon ein Liedchen singen.) Eine ständige moralische und politische Frage besteht darin, ob eine bestimmte Technologie beworben und gefördert oder verhindert werden soll. Viele Rechte würden lieber Abtreibung und bestimmte Verhütungsarten verbieten und deren Anwendung für unmoralisch erklären.

Beim Geoengineering kommt die Sorge um das moralische Risiko aus dem linken Umweltschutzlager. Darüber hinaus betrifft sie alle Themen, bei denen eine bloße technologische Lösung nicht weit genug geht und möglicherweise grundlegenden, komplexen gesellschaftlichen Veränderungen zuvorkommen könnte:

> *Grünes moralisches Risiko, modifiziertes Substantiv, beschreibt den fehlenden Anreiz, tiefgehende, komplexe Umweltprobleme anzugehen, weil die Möglichkeit einer schnellen technologischen Lösung, z. B. Geoengineering, besteht.*

Derlei Bedenken dürften sich weder allein auf Technologien noch auf Geoengineering beschränken. Selbst umfassende Kohlenstoff-Preisgestaltung könnte als eine Intervention gelten, die »lediglich« zu geringeren CO_2-Emissionen führt, aber nicht alle anderen potenziellen ökologischen und gesellschaftlichen Probleme im Blick hat. Ja, ein entsprechend hoher Preis und andere klimapolitische Maßnahmen könnten »CO_2 einschränken«, aber nicht gleichzeitig die Aktivitäten »des Menschen«, zumindest nicht so sehr, wie manche Linke vielleicht hoffen.[7]

In der Tat gibt es auch echte Diskussionen über die beste Umweltpolitik und -technologie. Inzwischen ist man sich zum Beispiel weitgehend einig, dass die Kohlenstoff-Preisgestaltung allein nicht ausreicht, um den Klimawandel zu bekämpfen.[8] Für eine umfassende Klimapolitik müsste man auch mit direkten Subventionen in kohlenstoffarme Technologien investieren.

Ähnliche Diskussionen gibt es darüber, wie man die ehrgeizigsten klimapolitischen Maßnahmen durchsetzen könnte. Teils dreht sich die Debatte darum, ob man sich isoliert auf die Klimapolitik konzentrieren oder sie als ein eng mit anderen umfassenderen gesellschaftlichen Anliegen verknüpftes Thema betrachten sollte. Auch die Reihenfolge spielt bei politischen Maßnahmen eine Rolle. In kaum einem Land wurde die Bepreisung von Kohlenstoff isoliert verabschiedet. In der Regel passiert das Hand in Hand mit oder nach der Einführung von Maßnahmen zur Subventionierung kohlenstoffarmer Energie oder Infrastruktur im weiteren Sinne.[9] All dies sind wichtige, lebendige politische Debatten, in denen jetzt das Geoengineering zu einem Faktor geworden ist.

Natürlich bereitet es manchen Umweltschützerinnen und Umweltschützern Sorge, dass ein Fokus auf die Kohlendioxidentfernung oder vor allem auf das solare Geoengineering von der Notwendigkeit, die CO_2-Emissionen zu reduzieren, ablenken könnte. *Endlich tut sich etwas bei der so dringend benötigten Maßnahme XY! Warum davon mit dem Gerede über das solare Geoengineering ablenken?*

Moralische Risiken in der Geschichte der Umweltbewegung

Geoengineering ist bei Weitem nicht der einzige Faktor, der ein starkes moralischen Risiko auslösen kann. Nicht einmal in der aktuellen klimapolitischen Diskussion steht es allein da. Bei der Kohlendioxidentfernung ist man jetzt ungefähr dort, wo man Mitte der 1990er-Jahre mit den Debatten über die Anpassung war. Das solare Geoengineering hat es noch nicht einmal auf diese Stufe geschafft. Damals wurde häufig schon der Hinweis auf die Notwendigkeit von Anpassung an den sich bereits abzeichnenden Klimawandel als Ablenkung von der Emissionsminderung abgetan. Sogar der damalige US-Vizepräsident Al Gore äußerte sich dementsprechend.[10]

Mittlerweile ist Anpassung ein wichtiger Teil unserer umfassenden Klimapolitik. Heute stehen die Kohlendioxidentfernung und vor allem das solare Geoengineering in der Schmuddelecke. Die Geschichte des moralischen Risikos im Umweltdenken reicht indes viel weiter zurück.[11] Manche sagen, der moderne Umweltschutz existiere nur aufgrund der Logik des grünen moralischen Risikos. Diese Logik gibt es in zwei Ausprägungen: einerseits in Form einer prinzipiellen Ablehnung jeglicher »Technofixes« für Umweltprobleme.[12] Zweitens, eng zusammenhängend mit Nummer eins, wird jegliche Politik verworfen, die hinter einer umfassenden sozialen Revolution für die Gerechtigkeit zurückbleibt.

Um es klar zu sagen: Ich stehe hinter vielen dieser Ideale. Die grassierende Ungleichheit, systemischer Rassismus und viele andere gesellschaftliche Missstände erfordern eindeutig weitaus umfassendere, grundlegendere Reformen. Doch es ist ein ziemlich großer Unterschied, darauf hinzuweisen, dass, wie üblich, eine einfache technische Lösung nicht alle Probleme ausräumen kann, oder die besagte technische Lösung niemals auch nur in Erwägung zu ziehen, weil sie eben nicht alle Probleme löst. Die meisten Eingriffe – ob technologisch oder anderer Art – gehen mit Kompromissen einher.

Hier lässt man sich gern die Geschichte vom Pferd erzählen – vom Pferdemist, um genau zu sein, und auch vom Walöl.[13] Diese beiden Geschichten, die in diesem Kontext immer wieder erzählt werden, spielen in der zweiten Hälfte des 19. Jahrhunderts und zu Beginn des 20. Jahrhunderts. Sie beide wurden anfangs als eindeutige Erfolgsgeschichten technologischer Innovation und unternehmerischen Geistes gedeutet. In beiden Fällen lautet die Lösung aller Probleme: fossile Brennstoffe. Und nicht zuletzt deshalb sind beide Geschichten inzwischen hochgradig politisiert.

Bei der Walöl-Geschichte verweist etwa Matt Ridley, der sich in seinem Buchtitel selbst als *rationaler Optimist* bezeichnet und dessen Äußerungen zum Klima oft an vorsätzlicher Ignoranz oder Schlimmeres grenzen, gerne auf den selbsternannten Klimaskeptiker Warren Meyer: »In jedem Büro von Greenpeace sollte ein Bild von John D. Rockefeller hängen.«[14] Dieses Zitat dient mehreren Zwecken, nicht zuletzt dem, die Moral der Umweltschützerinnen und -schützer gegen sie selbst auszuspielen. Denn hätte man kein »Steinöl« entdeckt und hätte sich Rockefeller nicht zum ersten und größten Öl-Magnat der Geschichte entwickelt, so die Argumentation, würde man noch immer Glattwale wegen ihres Trans jagen. Tatsächlich ist die Realität etwas komplexer, und erst der italienische Chemiker Ugo Bardi, der sich durch eine riesige Datenmenge zur Gewinnung von Walöl und dessen Bepreisung, wühlte, konnte sie entwirren.

Die Walölproduktion im Nordatlantik erreichte ihren Höhepunkt vor 1850, lange also bevor 1859 das erste Erdöl verfügbar wurde. Zu Petroleumzeiten wurde halb so viel Walöl gewonnen wie vor 1850. Bardi kam daher zu der Schlussfolgerung, dass »der Höhepunkt und die erste Rückgangsphase der Walölproduktion nicht durch die Verfügbarkeit einer besseren Technologie, sondern durch die physische Erschöpfung der Ressource ausgelöst wurde«.[15] Auch der US-Bürgerkrieg spielte eine Rolle, weil dadurch die Walfangflotte in den frühen 1860er-Jahren teilweise nicht einsatzfähig war. Außerdem sollten die gerade noch so revolutionären Petroleumlampen schon bald durch eine noch modernere Technologie ersetzt werden: Ende der 1870er-Jahre erfand Thomas Alva Edison die Glühbirne, was Öllampen bald schon überflüssig machen und auf beiden Seiten des Atlantiks für die nächsten Jahrzehnte einen demokratischen Zugang zu künstlichem Licht ermöglichen sollte.

Erstens war es also nicht das »Steinöl«, das zu dem anfänglichen 50-prozentigen Rückgang des Walölangebots führte, es lag an der furchtbaren Glattwal-Überfischung. Und zweitens sollte man vielleicht, anstatt Rockefeller und den fossilen Brennstoffen den Status einer Backstop-Technologie zuzuschreiben, lieber Edison und das elektrische Licht ins Feld führen. Das Ganze widerlegt nicht nur die Erzählung von den fossilen Brennstoffen als Umweltretter, sondern macht auch eine Einordnung in Bezug auf das moralische Risiko schwieriger. Neue Technologien haben stets Vor- und Nachteile. Das Gesamtbild, das sich daraus ergibt, ist manchmal gemischt oder hauptsächlich negativ. Manchmal können neue Technologien viel Gutes bewirken. Das hängt oft von größeren gesellschaftlichen – politischen – Entscheidungen ab.

Die Geschichte vom Pferdemist ist ähnlich aufgebaut – und ähnlich komplex. Hier erweist sich eine auf fossilen Brennstoffen basierende Technologie als vermeintlich segensreich:

> *Während der Walbestand zurückging, vermehrten sich die Pferde munter weiter – aber nicht auf den weiten Ebenen, sondern mitten in den Großstädten. Seit Jahrtausenden*

waren Pferde das wichtigste Transportmittel gewesen, aber erst in der zweiten Hälfte des 19. Jahrhunderts zeigte sich die volle Pferdestärke. In New York gab es 1860 über 30 Millionen Pferdekutschenfahrten. Zum Ende des Jahrzehnts waren es bereits über 100 Millionen, Tendenz steigend. In den 1890ern produzierten 200.000 Pferde insgesamt 2.500 Tonnen Dung pro Tag.

Um diesen Dung abzutransportieren, wurden Tausende Pferde benötigt, das meiste davon wurde einfach auf ungenutzten Flächen abgeladen. Düstere Prognosen gingen davon aus, dass in Manhattan bis 1930 der Pferdemist drei Stockwerke hoch liegen würde. 1898 ging die erste Städtebaukonferenz nach nur drei von zehn geplanten Tagen uneinig auseinander. Die Delegierten sahen keinen Ausweg aus der festgefahrenen Situation und dem Gestank. Mobilität war damals genauso wichtig und suchterregend wie heute. Ein absoluter Alptraum in verkehrstechnischer, umweltlicher und gesundheitlicher Hinsicht. Städte schienen ein völlig unhaltbares Konzept zu sein.

Wir alle wissen, was danach geschah: John D. Rockefeller, Henry Ford und Konsorten kamen mit der Lösung um die Ecke: benzinbetriebene Autos, die die Pferdekutschen aus New York verdrängten. 1900 waren Autos noch immer ein aufsehenerregendes Luxusgut. In diesem Jahr wurden in den Vereinigten Staaten insgesamt 4.192 Autos verkauft. 1912 waren es über 350.000 Autos, und zum ersten Mal gab es in New York City mehr Automobile als Pferdekutschen. Fünf Jahre später wurden auch die letzten Pferdebahnen endgültig aus dem Verkehr gezogen, und in den 1920er-Jahren schließlich waren Pferde gänzlich von den Straßen verschwunden – mit Ausnahme der touristischen Pferdekutschen im Central Park und berittener Polizei, die auch heute noch gelegentlich über den Times Square und durch den Central Park galoppiert.[16]

Auch diese Geschichte ist nicht ganz so simpel, wie sie scheint. Ja, die Autos waren den Pferdekutschen überlegen. Sie waren schneller, sicherer und sauberer – die Tonnen von CO_2 und anderen Schadstoffen, die aus ihren Auspuffrohren kamen, verteilten sich zumindest, anstatt sich wie Pferdemist anzuhäufen. Aber es war nicht annähernd so einfach, wie die meisten Versionen der Geschichte suggerieren möchten: ein Triumph von technischer Innovation und Unternehmertum – dem Kapitalismus also – in einer verzweifelten Umweltsituation. Das war es keineswegs, wenngleich die Moral von der Geschichte hier eine andere ist als beim Walöl. Vielmehr geht es um die Bedeutung von Politik und öffentlichen Investitionen – von Autobahnen bis hin zu den Marineschiffen, die im Persischen Golf patrouillieren: »Als General Motors die Straßenbahnen aufkaufte und sie in ihrer Tochtergesellschaft zu Bussen umbauen ließ, wurde zwischen den 1930ern und 1950ern der Nahverkehr in über 40 US-Städten komplett zerstört.«[17] Neue Technologien entstehen nicht in einem gesellschaftlichen oder politischen Vakuum. Einige scheinen aus dem Nichts zu kommen, aber selbst das Internet wurde bekanntlich durch umfangreiche öffentliche Investitionen gefördert.

Diese absolut zweischneidigen Geschichten erklären sehr gut, warum viele Umweltschützerinnen und -schützer dem Geoengineering so skeptisch gegenüberstehen. Ein noch deutlicheres Beispiel ist die Kerntechnik, die mit prometheischen Verheißungen die Natur selbst herausfordert. Mit dem Atomzeitalter entwickelte sich auch eine neue Generation von UmweltschützerInnen.[18] Rachel Carson, Barry Commoner und andere Pionierinnen und Pioniere der modernen Umweltbewegung führen den radioaktiven Niederschlag als bisher deutlichstes Beispiel dafür an, wie wir, so Commoner, »dazu neigen, moderne Technologie im großen Stil zu nutzen, bevor wir über alle möglichen Folgen Bescheid wissen«.[19] Carson erläuterte anhand des radioaktiven Niederschlags die Gefahren des Insektizids DDT.[20]

Das war also die Zeit, in der das (solare) Geoengineering aufkam und zunächst ganz bewusst als »Technofix« präsentiert wurde. Im Bericht von 1965 für Präsident Johnson wird es zum Beispiel als einzige Reaktionsmöglichkeit auf den Klimawandel dargestellt, was diese Technofix-Mentalität sehr gut widerspiegelt.[21] Diese Darstellung musste ja dazu führen, dass das Geoengineering weitgehend als moralisches Risiko betrachtet wurde.[22] Von Anfang an regten sich Widerstände. Sogar noch vor dem ersten *Earth Day* (Tag der Erde) 1970 schrieb Stewart Brand in seinem *Whole Earth Catalog*: »Wenn wir doch aber Gott *sind*, können wir es auch gleich gut machen.«[23] Brand stand für einen technisch-optimistischen Umweltschutz: pro Atomkraft, pro gentechnisch veränderte Organismen und pro Geoengineering – nicht leichtfertig, sondern eindeutig als Teil des Gesamtlösungspakets. Auch heute noch nimmt Brand an derartigen Debatten teil.[24]

Ich kann verstehen, warum diese technisch-optimistische Art des Umweltschutzes so attraktiv wirkt. (Tatsächlich stand ich während einer Konferenz zur Forschung am solaren Geoengineering des MIT Media Lab auch einmal mit Brand und David Keith gemeinsam auf dem Podium.) Aber obwohl Brand so bekannt war, handelte es sich damals eindeutig um eine Minderheitenmeinung – so wie es auch heute der Fall ist. Oftmals eigneten sich auch selbst ernannte »rationale« oder »pragmatische« Umweltschützende diese Meinung an, offenbar stolz auf ihre Außenseiterrolle. Sie geben sich so, als hätten sie der Umweltbewegung den Rücken gekehrt oder wären dort nie wirklich aktiv gewesen.

Solares Geoengineering und moralisches Risiko

Die Debatte über Kohlendioxidentfernung und solares Geoengineering gestaltet sich in diesem Zusammenhang kompliziert. Ohne ein Bewusstsein dafür, dass der Klimawandel so gravierend ist, dass er einen solchen Eingriff rechtfertigt, ist es nicht sinnvoll, derlei Technologien überhaupt in Erwägung zu ziehen. Hier gibt es noch immer zahlreiche wissenschaftliche und ethische Fragen. Ein Weg, um diese Debatte anzugehen, ist die vermeintlich einfache Frage danach, ob (solares) Geoengineering der erste oder der letzte Ausweg sein sollte. Vielleicht ist auch beides nicht die richtige Antwort. Ich bin mir sogar ziemlich sicher, dass dem so ist. Aber diese beiden Extrempositionen näher zu betrachten, kann sehr lehrreich sein.

Für die wenigen, die entweder die Kohlendioxidentfernung oder insbesondere das solare Geoengineering als besten Ausweg sehen, mag eine Welt ohne fossile Brennstoffe unvorstellbar sein. Der Bericht an den US-Präsidenten von 1965 vertrat (implizit) diesen Standpunkt ebenso wie Newt Gingrich in seinem Kommentar von 2008. Warum soll man eine Klimapolitik mit dem Ziel der Dekarbonisierung der Wirtschaft initiieren, wenn es eine einfache technische Lösung gibt? Diese Denkweise beschwört sofort wieder das Geoengineering als grünes moralisches Risiko herauf. Es wird der Eindruck erzeugt, als würden dadurch die schwierigeren und teureren Schritte im Kampf gegen den Klimawandel überflüssig werden. Für mich ist so etwas Wunschdenken, der Versuch, den Kopf in den Sand zu stecken – oder noch Schlimmeres.

Doch es könnte genauso gefährlich sein, die Kohlendioxidentfernung oder insbesondere das solare Geoengineering als letzten Ausweg zu betrachten. Was ist, wenn sich die in sie gesetzten Erwartungen nicht erfüllen? Und selbst wenn dies der Fall ist, bedeutet das keine Lösung. Die Kohlendioxidentfernung kommt zumindest vom Ansatz her der direkten Ursache des Problems nahe, das solare Geoengineering leistet nicht einmal das. (Ich schreibe hier bewusst »nahekommen«, weil es nicht darüber hinausgeht, so wie es diejenigen, die über das moralische Risiko besorgt sind, jetzt vielleicht sagen würden.) Das solare Geoengineering würde in der Tat schneller Ergebnisse bringen als die Verringerung der CO_2-Emissionen oder CO_2-Entfernung aus der Atmosphäre. Aber es geht nicht allein um die Geschwindigkeit.

Der einzig sinnvolle Ansatz bei Kohlendioxidentfernung oder beim solaren Geoengineering ist also nicht »entweder – oder«, sondern »ja, und«. Beide Konzepte sollten nicht für sich allein stehen, sondern müssen als Teile eines viel umfassenderen klimapolitischen Portfolios gesehen werden, das in erster Linie auf die Reduktion der CO_2-Emissionen, aber auch auf die Anpassung an die bestehende Situation abzielt. Somit kann Geoengineering weder der erste noch der letzte Ausweg sein.

Natürlich müssen den Worten Taten folgen. Sicher gehen mit allen vier Interventionsformen – Abschwächung, Anpassung, Kohlendioxidentfernung und solares Geoengineering – kleinere rationale Kompromissfindungen einher. Doch das moralische Risiko wäre in einem idealisierten, rationalen Szenario keine Bedrohung. Die diesbezüglichen Bedenken in Hinblick auf (solares) Geoengineering betreffen allesamt unsere irrationale, wankelmütige Welt. Das gilt für die Kohlendioxidentfernung, aber mehr noch für das solare Geoengineering.

Angesichts des Free-Driver-Effekts bei solarem Geoengineering, der bei der Frage eines potenziellen Einsatzes zu der Schlussfolgerung »nicht ob, sondern wann« führt, sollte sich die Governance darauf konzentrieren, diese starken Kräfte in eine produktive Richtung zu lenken. In einer ersten Annäherung bedeutet dies einfach, sie zu unterdrücken – und zwar weltweit (siehe nächstes Kapitel mit der Forderung eines sofortigen Anwendungs-Moratoriums). Da man das moralische Risiko nicht einfach wegzaubern kann, muss man seine Kräfte in die richtige Richtung lenken.

Das moralische Risiko – und die umgekehrte Version davon

Wenn man auf den Technofix (solares) Geoengineering setzt, wird sich das in jedem Fall auf die Bemühungen um die Reduktion von CO_2-Emissionen auswirken. Oder etwa nicht? Die empirischen Ergebnisse sind hier eindeutig uneindeutig. Als wir vor gut fünf Jahren die wissenschaftliche Literatur durchforsteten, fanden wir ungefähr 30 Studien, die sich mit der öffentlichen Meinung zum moralischen Risiko des solaren Geoengineerings befassten.[25] Die meisten kommen zu dem Schluss, dass es in irgendeiner Form existiert. Es scheint, als würde die bloße Existenz des solaren Geoengineerings die Studienteilnehmenden dazu verleiten, bei den CO_2-Emissionsreduktionen zurückzurudern. Leider werfen solche Studien oft mehr Fragen auf, als sie Antworten bringen.

Ein Problem liegt darin, dass meist nur sehr wenige Personen vor ihrer Teilnahme an den Umfragen vom solaren Geoengineering gehört hatten. An sich ist das kein unüberwindbares Problem. Umfragen versuchen oft, Basiswissen zu einem unbekannten (oder gar nicht so unbekannten) Thema zu testen, sei es aus der Wissenschaft oder anderen Themenbereichen. Etwa so: »Haben Sie schon von dem SARS-CoV-2-Virus gehört?« oder »Wie funktioniert die Gesetzgebung in unserem Land?«. Auch der Anteil der Befragten, die bis zu einem gewissen Maß mit dem Thema vertraut sind, könnte aufschlussreich sein. Es gibt sogar Comedy-Sketche, zum Beispiel von Jay Leno oder Jimmy Kimmel, mit offen suggestiven Versionen solcher Befragungen.

Es ist höchst bezeichnend, wie wenig die Öffentlichkeit vom solaren Geoengineering weiß. Aber solche Umfragen gehen normalerweise noch weiter, indem sie ein paar Auswahlmöglichkeiten geben, so etwa zum moralischen Risiko. Dann kommt es sehr darauf an, wie die Informationen präsentiert werden. Wenn man das solare Geoengineering als nicht riskante, kostenlose, harmlose Intervention darstellt, würde das zu ganz anderen Reaktionen führen als eine Geschichte von verrückten Wissenschaftlern, die das Klima für die Fossile-Brennstoff-Lobby kapern. Richtige Framing-Entscheidungen sind natürlich weitaus subtiler. Was einem im Nachhinein regelrecht »anspringt«, in allen früheren Erhebungen anscheinend aber ignoriert wurde, ist die sogenannte »Akquieszenz« oder inhaltsunabhängige Zustimmungstendenz.[26]

Vor allem Befragte, die keine feste Meinung zu einem Thema haben, neigen dazu, sich an der Formulierung der Frage zu orientieren. Wenn man beispielsweise jemanden, der sich noch nicht umfassend mit dem Thema auseinandergesetzt hat, fragt, ob das solare Geoengineering von der Notwendigkeit ablenken könnte, CO_2-Emissionen zu reduzieren, klingt das für ihn vielleicht wie eine recht vernünftige Antwort. Fragt man dieselbe Person, ob die Verfügbarkeit von solarem Geoengineering weitere CO_2-Emissionssenkungen *anstoßen* könnte, wird er oder sie auch das für eine plausible Möglichkeit halten. Die Art und Weise, wie die Frage nach dem moralischen Risiko gestellt wird, ist von großer Bedeutung. Das heißt aber keinesfalls, dass die bisherigen Befragungen zum moralischen Risiko wertlos sind. Doch man sollte sich hier immer eine gehörige Portion Skepsis bewahren.

Diese Skepsis ist auch angebracht, da derlei Umfragen sich tatsächlich nur auf hypothetische Fragen konzentrieren. Das kann man auf bessere oder schlechtere Weise tun – siehe inhaltsunabhängige Zustimmungstendenz –, doch letzten Endes handelt es sich eben »nur« um eine Befragung. Wer eine dumme oder voreingenommene Frage stellt, bekommt auch dumme oder voreingenommene Antworten. Vielleicht sollte man also besser untersuchen, wie Menschen sich tatsächlich verhalten?

Die Sozialwissenschaftlerin Christine Merk hat genau das mit einer Kollegin und einem Kollegen getan und die allererste Umfrage mit offenbarter Präferenz und circa 600 Teilnehmenden durchgeführt. Statt ihnen hypothetische Fragen zum moralischen Risiko zu stellen, ließen sie sie mit den Füßen abstimmen – beziehungsweise mit Euros. Grob gesagt teilte man bei dem Experiment die 600 Teilnehmenden in drei Gruppen ein. Den ersten beiden erzählte man unterschiedlich detailliert vom Klimawandel, der dritten vom Klimawandel und der Möglichkeit von solarem Geoengineering mit stratosphärischen Aerosolen. Alle drei Gruppen wurden für die Teilnahme am Experiment bezahlt, sie konnten aber selbst entscheiden, wie viel sie von ihrem Honorar als Klima-Kompensation abgeben wollten. (Da kommen jetzt viele Fragen hinsichtlich der Effektivität von Kohlenstoff-Ausgleichsmaßnahmen im Klimawandel auf, die wir uns jedoch für ein andermal aufsparen.[27] Die Ergebnisse dürften dadurch nicht beeinflusst worden sein). Der recht nüchterne Titel des daraus resultierenden Papers lässt sich folgendermaßen übersetzen: »Kenntnisse über Aerosoleinjektionen verringern nicht die individuellen Bemühungen um Schadensbegrenzung beim CO_2.«[28]

Ich würde sogar noch einen Schritt weitergehen: Das Experiment von Merk und ihrem Team zeigt, dass es durchaus möglich ist, den Wunsch nach einer Reduktion der CO_2-Emissionen sogar zu steigern, wenn man Laien über das solare Geoengineering informiert. Genau das zeigt der Vergleich zwischen den 200 aufgeklärten Teilnehmenden mit den anderen, die man nur über den Klimawandel informiert hat. Nicht weiterführende Lektüre über den Klimawandel, sondern das solare Geoengineering stößt diesen zusätzlichen Effekt an. Woran mag das liegen?

Eine Erklärung für dieses umgekehrte moralische Risiko lautet: Das solare Geoengineering wirkt so beängstigend, dass auch der Klimawandel bedrohlicher erscheint. Nach dem Motto: »Moment mal, *worüber* debattieren diese ernst zu nehmenden Wissenschaftlerinnen und Wissenschaftler? Vielleicht ist ja doch etwas an diesem Klimawandel dran!« Ich möchte jedoch betonen, dass das nur eine Hypothese ist, die in Merks Studie weder bestätigt noch widerlegt wird. (Hier muss ich noch erwähnen, dass Christine Merk inzwischen an zwei Aufsätzen zum moralischen Risiko mitgearbeitet hat und wir weitläufige Online-Experimente durchgeführt haben, um genau dieser Frage auf den Grund zu gehen.)[29]

Es besteht die Möglichkeit, dass ein moralisches Risiko eintritt. Genauso kann aber auch das Gegenteil passieren. Alles scheint von der Darstellung und, wie immer, vom Gesamtzusammenhang abzuhängen. Die Gretchenfrage lautet doch aber: Spielt das alles irgendwie eine Rolle? Die Meinung der Öffentlichkeit kann so oder so sein, aber was ist mit denen, die am Ende die Entscheidungen treffen? Strukturelle Voreingenommenheit und tiefsitzende ureigene Interessen an fossilen Brennstoffen spielen sicherlich eine größere Rolle. Diese Art von »moralischem Risiko« ist es, die uns Sorge bereiten sollte. Die Verfechterinnen und Verfechter fossiler Energieträger, die entweder Kohlendioxidentfernung oder das solare Geoengineering befürworten, nur um eine Reduktion von CO_2-Emissionen zu verzögern, würden vermutlich für die folgenreichsten Interventionen sorgen.

Dabei könnte sich der Einsatz für fossile Brennstoffe in den verschiedensten Formen zeigen: einerseits als klassische Lobbyarbeit in der Politik, aber auch als Versuche, die Öffentlichkeit irrezuführen, indem man die Kohlendioxidentfernung oder solares Geoengineering als einfachen Ausweg aus dem klimapolitischen Dilemma präsentiert: »Hören Sie nicht auf diese Umweltschutzleute, die Ihnen verbieten wollen, Ihren Spritfresser zu fahren.« Natürlich könnte die fossile Industrie auch auf weitaus subtilere und gefährlichere Maßnahmen setzen. Da die breite Öffentlichkeit so wenig über Kohlendioxidentfernung und insbesondere das solare Geoengineering weiß, besteht die Gefahr, dass die Technologien übermäßig positiv dargestellt werden und ihre Risiken heruntergespielt.

Ohne Aufklärungsarbeit geht es nicht

Einen Königsweg für die Lösung dieser Probleme gibt es nicht. Doch zumindest sollten sich alle, die sich mit Geoengineering und darüber hinaus mit dem Thema Klima befassen, dieser Probleme bewusst sein. Das bedeutet auch, die Diskussion zu verbreitern. Aufklärungsarbeit ist unabdingbar. Man sollte in die Klimadebatten unbedingt (auch) die Themen Kohlenstoffentfernung sowie solares Geoengineering miteinbeziehen.

Mir ist klar, dass ich bei Ihnen hier offene Türen einrenne. Dass Sie dieses Buch über das solare Geoengineering so weit gelesen haben, spricht bereits Bände. Doch insgesamt muss man ein größeres Ziel vor Augen haben. Dazu gehört auch eine ausgewogene Darstellung des Geoengineerings in Büchern, und zwar nicht nur in solchen über das Thema an sich, sondern auch in jenen, die viele weitere Facetten des Klimawandels und der Klimapolitik betrachten. Das habe auch ich zusammen mit dem großartigen Marty Weitzman in unserem Buch *Klimaschock* versucht, welches in erster Linie von Klimaauswirkungen mit kleiner Eintrittswahrscheinlichkeit und hohem Gefahrenpotenzial handelt.[30] Natürlich bin ich hier nicht der Einzige.

Das bekannteste Beispiel aus jüngster Zeit dürfte Eric Holthaus' Buch *Die Erde der Zukunft* sein.[31] Holthaus zeigt in seinem Buch Jahrzehnt für Jahrzehnt seine »radikale« und doch hoffnungsvolle Vision der zukünftigen Welt auf. Diese beinhaltet zum Beispiel eine vollständig dekarbonisierte US-Wirtschaft bis Mitte des Jahrhunderts. Trotzdem, nicht unähnlich dem Szenario der »rationalen« Klimapolitik in Kapitel 4 dieses Buches, taucht bei Holthaus das solare Geoengineering auf – und sicher nicht, weil ihm diese Vorstellung behagen würde, was ja auch abwegig wäre. Obwohl es in seiner Vision für die Welt einige recht radikale Dekarbonisierungstechnologien und -maßnahmen gibt, schreibt er dem solaren Geoengineering nur eine begrenzte Rolle zu.

Doch auf jedes Buch wie *Die Erde der Zukunft* kommen natürlich viele, die das solare Geoengineering alles andere als ausgewogen darstellen. Einige sind naiv in ihrem Optimismus hinsichtlich der Kohlendioxidentfernung und dem solarem Geoengineering. Andere stehen diesen Technologien regelrecht feindselig gegenüber. Und für einen umfassenden Diskurs darf man es natürlich nicht bei Büchern oder akademischen Texten belassen.

Hollywood spielt hier eine immens große Rolle, aber mit Aufklärung ist es da nicht weit her. Das (solare) Geoengineering verführt einfach zu sensationslüsternen Darstellungen. Das bekannteste Beispiel dürfte der Film »Geostorm« sein, in dem es um ein weltumspannendes Netz aus Wetterkontrollsatelliten geht. (Stimme aus dem Off: Nein, das ist keine vernünftige Geoengineering-Technologie.) Ich will hier auch nicht über den Film »Snowpiercer« sprechen, der in einer Welt spielt, auf der nach einem gescheiterten Geoengineering-Versuch Eiszeit herrscht, wobei er aber hauptsächlich von einem die Erde umrundenden Zug, von Kannibalismus und so weiter handelt.[32] (Stimme aus dem Off: Für etwas makabre Unterhaltung reicht es, doch es ist ebenfalls keine gute Einführung ins solare Geoengineering.)

Mittlerweile gibt es auch ein paar Science-Fiction-Romane, die das solare Geoengineering relativ realistisch darstellen und einige damit verbundene tiefere soziale und politische Fragen behandeln. Das beste Beispiel dafür dürfte Eliot Pepers *Veil* sein, Kim Stanley Robinsons *Das Ministerium für die Zukunft* das bekannteste.[33] Pepers Roman beschreibt ausführlich und meist realistisch eine Welt, in der ein böses Ölkonglomerat namens SaudExxon den Ausverkauf der Erde betreibt, während der noch verbliebene Teil der Menschheit versucht, mithilfe des solaren Geoengineerings die globale Erwärmung in Schach zu halten.

Keines dieser Werke trägt automatisch zu einer anspruchsvolleren Diskussion über das (solare) Geoengineering bei. Notwendig sind weiterhin öffentliche Beteiligungsprozesse wie der des externen Beratungsausschusses für das SCoPEx-Projekt in Harvard. Ebenso wie andere Versuche der Aufklärung oder Bestrebungen, den Austausch mit den politischen Entscheidungsträgern und der Allgemeinheit zu vertiefen.[34] Dies gilt insbesondere im Hinblick auf Probleme, die viel tiefer verwurzelt sind. Technologische Entscheidungen und Maßnahmen werden besonders im globalen Maßstab normalerweise nicht egalitär, demokratisch oder pluralistisch getroffen.[35]

Doch gerade eine kreative Darstellung des Themas wie in Pepers *Veil* könnte die schnelle und bewusste Aufklärungsarbeit leisten, die für eine vernünftige Debatte über das (solare) Geoengineering und seine Rolle im Rahmen einer umfassenden Strategie zur Bekämpfung des Klimawandels so dringend benötigt wird – also auch über das grüne moralische Risiko.

8.

Steuerung der Forschung

Es gibt unterschiedliche Rechtsauffassungen über die Anwendbarkeit der geltenden Gesetze und Verträge auf das solare Geoengineering. In Ermangelung von Präzedenzfällen ist vieles Auslegungssache und völlige Spekulation. Doch in einem ist man sich in fundierten juristischen Debatten einig: Es gibt kein Gesetz oder Abkommen, welche das solare Geoengineering verbieten oder auch nur umfassend regulieren (das gilt auch für die Kohlendioxidentfernung).[1] Daher geht es bei dieser Diskussion nicht nur um die Rechtssicherheit, sondern auch um größere Fragen zum Thema »Governance«.

Governance steht hier im Grunde für: »Wir müssen reden«. Kein schlechter Ausgangspunkt, wenn man sich den Stand der Dinge so anschaut. Aber daraus ergibt sich dann eben auch genau das: viel Gerede. Forschungskonferenzen, Panels, Debatten, Gespräche, Austausche und allerlei andere Formate in verschiedensten Konstellationen. Auch in den Fachkreisen der Klima- und Naturwissenschaften wird das Thema besprochen, mehr jedoch in den Sozialwissenschaften und in zivilgesellschaftlichen Organisationen. Und mittlerweile gehen die Gespräche auch über die Grenzen von Fachbereichen, Disziplinen oder Ländern hinaus.

Ich will mich auch gar nicht darüber mokieren, ganz im Gegenteil. Es ist einfach ein Zeichen dafür, dass dies ein wachsendes Forschungsfeld mit enormen potenziellen Auswirkungen auf die Gesellschaft ist. Und all das Reden zahlt sich langsam aus. Ein Teil der Debatte konzentriert sich auf Entwicklungsländer und wird zwischen den gelehrten Gesellschaften des Vereinigten Königreichs, der USA, Chinas und der World Academy of Sciences geführt.[2]

Die britische und die deutsche Regierung finanzieren mittlerweile Forschungsinitiativen, ebenso China, und im Dezember 2019 hat auch die US-Regierung ihre ersten vier Millionen Dollar für ein Forschungsprogramm unter der Leitung der nationalen Ozean- und Atmosphärenbehörde NOAA investiert.[3] Hier steht man noch am Anfang, aber da ein Budget quasi mit Politik gleichzusetzen ist, sind selbst vier Millionen Dollar für Forschung ein wichtiger erster Schritt.[4] Die Forderung der National Academies nach einer Finanzierung von 100 bis 200 Millionen Dollar über fünf Jahre bedeutet eine echte Veränderung.[5] Viele Diskussionen drehen sich auch darum, ob überhaupt zu dem Thema geforscht werden sollte. Ich bin hier natürlich voreingenommen: Man sollte dazu forschen, denn der Schluss »nicht ob, sondern wann« lässt uns keine andere Wahl. (Ihre etwaigen Zweifel dürfte das Kapitel »Ein unmissverständlicher Aufruf zu intensiverer Forschung« auf Seite 155 ausräumen).

Ein Moratorium. Jetzt!

Doch zwischen der *Forschung* und einer tatsächlichen *Anwendung* liegen Welten. Das ist selbstverständlich erst dann von Relevanz, wenn die Forschung über ein Computermodell oder Laborversuche hinausgeht. Die Grenze zwischen Experiment und Anwendung ist einerseits fließend, andererseits prinzipiell ziemlich eindeutig. Die entscheidenden Kriterien sind hier Absicht und Wirkung (Tabelle 8.1).

Absicht\Wirkung	De-minimis-Effekte[a]	Messbare Temperaturaus wirkungen (oder andere)[b]
Forschungsversuch	Forschung	(fehlgeleitete Forschung)
Versuch der Temperaturerhöhung (oder andere Variablen)	(fehlgeschlagener Einsatz)	Anwendung

[a]Zum Beispiel für Änderungen des durchschnittlichen jährlichen Strahlungsantriebs von weniger als 0,000 001 W/m².[6]
[b]Zum Beispiel für Änderungen der durchschnittlichen jährlichen Strahlung von mehr als 0,01 W/m².[7]

Tabelle 8.1: Die Grenze zwischen der Forschung und der Anwendung des solaren Geoengineerings hängt von Absicht und Wirkung ab.

Wenn die Absicht darin besteht, ein Experiment im Freien durchzuführen und die Wirkung so gering ist, dass kein direkt messbarer Effekt auf die Umgebung entsteht, spricht man von Forschung. Wenn man aber mit der Absicht herangeht, eine Wirkung zu erzielen, und die Maßnahmen sich tatsächlich messbar auf die globale oder weiträumige Temperatur (oder andere Faktoren) auswirken, handelt es sich um eine Anwendung. Die beiden anderen Tabellenzellen sind etwas schwerer fassbar, aber nichts wirkt hier wie eine kluge, bewusste Entscheidung. Maßnahmen mit der Absicht einer Temperaturänderung, die aber keinen Effekt hervorrufen würden, wären einfach ein misslungener Einsatz. Maßnahmen mit der Absicht zu forschen, aber mit messbaren Temperaturauswirkungen, könnte man am besten als fehlgeleitete oder überambitionierte Forschung bezeichnen, zumindest im Moment – und genau darauf will ich hinaus.

Ein potenziell produktiver Weg, der einen Fortschritt bei der Forschung zum solaren Geoengineering bringen könnte, ist die Einführung eines bindenden, umfassenden Anwendungsmoratoriums, idealerweise ein rechtlich durchsetzbares Verbot für Forschungsvorhaben ab einer gewissen Dimension. Auch hier tun sich einige Fragen auf: Wer soll es implementieren? Wer würde sich daran halten? Wer vielleicht nicht? Wer könnte es reformieren oder gänzlich aufheben und was sind die Kriterien, damit überhaupt einer dieser Schritte getan wird?

Ich bin keineswegs der Erste, der ein solches Moratorium fordert, diese Ehre gebührt niemand Geringerem als Ralph Cicerone. Als renommierter Klimatologe stand er der U. S. National Academy of Sciences vor, als er seinen Essay mit einem Votum für solares Geoengineering schrieb, der Paul Crutzens berühmtes Gedankenexperiment von 2006 zum Ausgleich der stratosphärischen Aerosole mit troposphärischen ergänzte.[8] Cicerone schlug ein Moratorium für jeglichen Einsatz vor, wobei er Forschung zu diesem Thema aber befürwortete.

Seinerzeit wurde dem Vorschlag große Aufmerksamkeit zuteil, auch im Vorfeld der Asilomar-Konferenz im März 2010.[9] Wie zäh sich jedoch die Debatten zur Forschungs-Governance gestalten, verrät beispielsweise der Titel eines 2013 von Ted Parson und David Keith verfassten Aufsatzes, der sich mit »Raus aus der Sackgasse bei der Forschungs-Governance des solaren Geoengineerings« übersetzen lässt.[10] Seither sind einige Jahre ins Land gezogen – und mit ihnen viele weitere Konferenzen, Panels, Debatten, Gespräche, Austausche und andere Treffen. Die Idee eines totalen Moratoriums hat tatsächlich einige Befürworterinnen und Befürworter gefunden, wenngleich, das möchte ich hinzufügen, viele nicht die besten Absichten hegen.[11]

Die kleine, aber lautstarke technologiefeindliche ETC Group hat wiederholt behauptet, die Vertragsparteien der Biodiversitätskonvention hätten ein »De-facto-Moratorium« für die Forschung zu solarem Geoengineering erlassen. Das ist eine ziemlich kühne Behauptung. 2010 verabschiedeten die Vertragsstaaten etwas, das man am besten als »normativen Rahmen für die Erwägung des Einsatzes von Geoengineering« beschreiben kann.[12] Große Worte. Und möglicherweise ein gangbarer Weg für eine internationale Institution, sich dem Thema zu nähern.

Die gestochene Sprache lässt viel Interpretationsspielraum, wenngleich die Vertragsparteien kein Moratorium, sondern mehr

Forschung forderten. 2016 veröffentlichten sie einen Aufruf zu »mehr transdisziplinärer Forschung und Wissensaustauch zwischen den entsprechenden Institutionen … für ein besseres Verständnis der Auswirkungen von das Klima betreffendem Geoengineering auf die biologische Vielfalt und Ökosystemfunktionen und -leistungen sowie sozioökonomische, kulturelle und ethische Fragen und regulatorische Optionen«.[13]

Natürlich sollte es derlei Forschung nur unter der Bedingung geben, dass sie eine vernachlässigbare – de minimis – Auswirkung auf das Klima und die Biodiversität hat. Und natürlich soll das kein Blankoscheck für alle erdenkbaren Forschungsvorhaben sein, aber eben ein Aufruf, *mehr* zu forschen. Genau so etwas möchte man von einem solchen internationalen Gremium hören. Noch besser wäre es, wenn derlei klare Worte von einem noch umfassenderen globalen Gremium wie der UN-Umweltversammlung oder der UN-Generalversammlung kämen, aber die Vertragsparteien der Biodiversitätskonvention sind sicherlich die zweitbeste Wahl.

Ein unmissverständlicher Aufruf zu intensiverer Forschung

Die Kehrseite eines Anwendungs-Moratoriums wäre die Notwendigkeit einer ausdrücklichen Erlaubnis für weitere Forschungsvorhaben, ähnlich wie es die Vertragsparteien der Biodiversitätskonvention von 2016 fordern. Die Anwendung fände zwar zu einem viel späteren Zeitpunkt statt – in einer rationalen Welt möglicherweise nie –, aber die Zeit zu forschen ist jetzt. Doch warum forschen? Der pure Wissensgewinn um des Wissens willen ist hier nicht ausreichend. Nicht alle Erkenntnisse führen automatisch zu Gutem. Wenn man Pocken – oder ein anderes Coronavirus – im Labor züchtet, insbesondere mit der Absicht, willkürlich Schaden anzurichten, ist das eindeutig nicht der Fall.

Die Argumentation, das solare Geoengineering zu erforschen, sollte sich also nicht nur auf eine allgemeine philosophische Grundhaltung zum Wissensgewinn stützen. Es gibt weitaus praktischere Beweggründe dafür, die fest in der wirklichen Welt verankert sind. Da wäre erstens die knallharte Klimarealität. Das letzte Mal war die Kohlendioxidkonzentration im Pliozän, also vor über drei Millionen Jahren, so hoch wie heute. Die globalen Durchschnittstemperaturen waren um mindestens ein Grad Celsius wärmer als heute, der durchschnittliche Meeresspiegel lag weltweit mindestens 10 bis 30 Meter höher.[14]

Daher ist ein weitaus schnelleres Tempo bei den Klimaschutzmaßnahmen geboten. Tatsächlich könnte das die wichtigste Funktion für eine Forschung am solaren Geoengineering sein: Forschung nicht um ihrer selbst willen, sondern um umfassendere Klimaschutzmaßnahmen anzustoßen. Das entkräftet auch die Argumente zum »moralischen Risiko« des solaren Geoengineerings, also dass es von der Notwendigkeit dringlicherer Klimamaßnahmen ablenken könnte.[15] Im Gegenteil: Wenn das Thema Geoengineering in den Fokus rückt, dürfte das auch für die Notwendigkeit von Klimaschutzmaßnahmen gelten.[16]

Zweitens könnte das solare Geoengineering an sich tatsächlich etwas Positives bewirken. Wir würden gar nicht über das Thema diskutieren, wenn wir uns bereits mehr oder weniger sicher sein könnten, dass das solare Geoengineering eindeutig nur negative Folgen hat. Doch meiner Meinung nach wissen wir gegenwärtig einfach noch nicht genug.

Wer sagt, dass das solare Geoengineering einen positiven Effekt haben könnte, lässt manche glauben, sie hätten ihn ertappt. Nach dem Motto: »Hab ich's doch gewusst, dass du nicht nur für mehr Forschung bist. Du bist für solares Geoengineering.« Dem ist nicht so. Wer für die Erforschung des solaren Geoengineerings mit der Begründung plädiert, dass die Technologie tatsächlich etwas Gutes bewirken könnte, behauptet nicht, das solare Geoengineering an sich sei eine gute Idee. Kann sein, kann aber auch nicht sein, wir wissen es schlichtweg noch nicht – deshalb müssen wir weiter forschen.

Ein schlagkräftigeres Argument *gegen* Forschung ist, dass die Erforschung einer neuen Technologie eine selbsterfüllende Prophezeiung ist. Je mehr Forschungsinfrastruktur es gibt und je mehr Institutionen geschaffen werden, um diese Forschung zu steuern, umso wahrscheinlicher ist es, dass es zu einer tatsächlichen Anwendung kommen wird. Da ist was dran. Schließlich wird man Institutionen, wenn sie einmal etabliert sind, schwer wieder los. Es bringt nichts, zu behaupten, hier lägen die Dinge aus irgendwelchen Gründen anders.

Denn genau dieses Argument der institutionellen Bindung spricht für Forschungsprogramme, die an Universitäten und nicht zum Beispiel innerhalb der etablierten Regierungsbürokratie durchgeführt werden.[17] Jede Art von Forschung muss offen und transparent sein und noch über den Goldstandard für verantwortungsvolle Forschung und Innovation hinausgehen.[18]

Letztendlich kann man die Argumente für die Forschung zum solaren Geoengineering aber auf die Hauptcharakteristika von stratosphärischen Aerosolen zurückführen: schnell, billig und (äußerst) unvollkommen. Letzteres ist der Grund, mehr zu den Risiken und Unsicherheiten zu forschen. Die anderen beiden Eigenschaften implizieren, dass wir – Forschung hin oder her – vor dem Hintergrund eines (gefühlten) Klimanotfalls in die Anwendung des solaren Geoengineerings hineinstolpern könnten.

Die Forschung selbst kann wenig tun, um an diesen grundlegenden Eigenschaften zu rütteln. Außer natürlich festzustellen, dass sie eventuell einfach falsch sind. Auch das wäre eine unglaublich wertvolle Erkenntnis, zu der man lieber früher als später gelangen sollte. Ohne derartige Erkenntnisse sind wir jedoch wieder beim Glücksspiel des solaren Geoengineerings angelangt, zurück beim »nicht ob, sondern wann«, Forschung hin oder her. Und noch etwas ist – Forschung hin oder her – völlig klar:

Über die Forschung an sich sollten größtenteils die Forschenden selbst entscheiden – gemeinsam mit Fachgesellschaften, internationalen Gremien und anderen, die bei der Beantwortung der Fragen und der offenen und transparenten Verbreitung der gewonnenen Erkenntnisse mitwirken. Doch sie sollten keinesfalls über eine Anwendung entscheiden.

Jegliche Entscheidung über einen Einsatz darf – und muss – ausschließlich von sachkundigen, gewählten Politikerinnen und Politikern getroffen werden. Ein gezieltes Moratorium ist vielleicht der beste Weg, um die Bedingungen für einen solchen Entscheidungsprozess zu schaffen.

Epilog

Ein unvermeidliches Glücksspiel

Verschiedene Versionen der Aussage »Wir haben 12 Jahre, um die Emissionen auf null zu senken«[1] sind überall präsent.

Dabei liegen sie in ihrer Spezifität einerseits daneben, aber genau richtig in dem grundlegenden Gefühl, das sie vermitteln. Beim Klimanotstand ist es, um ein weiteres Klischee zu bemühen, eindeutig fünf vor zwölf. Der Schock, der auch im Titel unseres Buches *Klimaschock* steckt, ist Realität.[2]

Hätte die Welt nur nach jenem zentralen Statement von Jim Hansen vor dem Ausschuss des US-Senats über Energie und natürliche Ressourcen am 23. Juni 1988 gehandelt, das die New York Times veranlasste, auf ihrer Titelseite den Beginn der globalen Erwärmung auszurufen.[3] Hätte sie doch nur gehandelt, als die Forschenden von Exxon Ende der 1970er-Jahre[4] die Rolle der fossilen Brennstoffe bestätigten oder als der wissenschaftliche Beratungsausschuss von Präsident Lyndon B. Johnson 1965 seinen Bericht vorlegte.[5] Exxon wusste Bescheid. Lyndon B. Johnson wusste Bescheid. Svante Arrhenius wusste Bescheid – und zwar bereits 1896.[6] Schon 1912 erschien in *Popular Mechanics* ein Artikel, der den Treibhauseffekt und die ursächliche Rolle der Kohleverbrennung für einen Temperaturanstieg beschrieb![7]

Ach, hätte man nur.

Stattdessen leben wir in einer Welt, in der der tatsächliche Preis für jede ausgestoßene Tonne CO_2 offenbar ein Vielfaches dessen ist, was die Mehrheit der Bevölkerung zu zahlen bereit ist.[8] Die Risiken eines ungebremsten Klimawandels sind überaus deutlich, eine schnelle technische Lösung zu finden, erscheint überaus verführerisch.

Was mich nachts oft nicht schlafen lässt – im wahren Sinne des Wortes –, ist die Befürchtung, dass wir ins solare Geoengineering hineinrutschen könnten, ohne unsere Hausaufgaben gemacht zu haben. Dass wir als Forschende etwas Grundlegendes übersehen haben könnten und dass die Zeit einfach gegen uns spielt. Nach dem Ausbruch des Pinatubo und dem damit einhergehenden Rückgang der globalen Durchschnittstemperatur um ein halbes Grad vergingen 25 Jahre, bis der erste Leitartikel der *Nature* die Auswirkungen des gestreuten Sonnenlichts auf die Landwirtschaft beschrieb.[9] Ein Vierteljahrhundert!

Und heute sterben Menschen an den Folgen des ungebremsten Klimawandels. Ganz offensichtlich müssen wir Maßnahmen zur Minderung treffen, die CO_2-Emissionen reduzieren, und zwar jetzt. Vielleicht ist das solare Geoengineering genau dafür am besten geeignet, den Menschen so viel Angst einzuflößen, dass sie Abschwächungsmaßnahmen fordern (siehe umgekehrtes moralisches Risiko).[10] Was aber, wenn der Einsatz von solarem Geoengineering, womöglich eine andere Form der Abschwächung, tatsächlich mehr Menschen früher retten kann?

Etwas philosophischer formuliert: Ab welchem Punkt wird aus der ungenügenden Reduktion von CO_2-Emissionen, der Unterlassung, ein aktives Begehen? Und, sollten wir uns einig darüber sein, dass wir diese Schwelle überschritten haben – wovon ich überzeugt bin – ab welchem Punkt gilt etwas Ähnliches für das solare Geoengineering?

Hier landen wir wieder beim »Glücksspiel« solares Geoengineering. Es zu betreiben, ist riskant, vielleicht sogar falsch. *Nicht* zu handeln, ist ähnlich riskant, vielleicht sogar weitaus mehr. Keine einfache Nutzen-Kosten-Analyse wird uns sagen, welchen Weg wir einschlagen sollen. Bei der Entscheidung geht es vor allem um eine Abwägung der Risiken eines ungebremsten Klimawandels gegen die eines Einsatzes des solaren Geoengineerings.

Eine äußerst unangenehme Situation. Es ist ein Wagnis und zwar von einer globalen Dimension. Es ist auch ein Spiel, das zu spielen man uns nicht *bittet* oder das wir als neutrale Zuschauende beobachten könnten. Es ist eines, das wir zu spielen *gedrängt werden*: »nicht ob, sondern wann«. Ich für meinen Teil würde mir wünschen, dass wir vorbereitet sind, wenn die Zeit kommt.

Und ja, möglicherweise lernen wir dabei, dass der bewusste Einsatz von solarem Geoengineering eine gute Idee sein könnte. Was uns – und die große Frage bleibt, wer dieses Wir überhaupt sein soll – noch stärker dazu motivieren könnte, uns überhaupt auf dieses Spiel einzulassen.

Keine sonderlich tröstlichen Aussichten. Aber wir – also alle – sollten auch in keiner Weise ein gutes Gefühl mit dem Einsatz des Geoengineerings oder auch nur dessen Erforschung haben. Wir dürfen niemals vergessen, was es heißt, sich auf ein solches Glücksspiel einzulassen. Das Einzige, was uns bleibt, ist zu versuchen, viel besser vorbereitet zu sein, als wir es derzeit sind.

Das gilt für uns alle – Forschende, die politische Entscheidungsträgerschaft, Umweltschützerinnen und Umweltschützer, alle, die in der Klimapolitik tätig sind, und die engagierte Öffentlichkeit. Noch immer gibt es viel mehr Fragen als eindeutige Antworten. Vielleicht wird das immer so bleiben. Aber wir müssen uns hinsetzen und vorbereiten.

Ich muss oft daran denken, wie Präsident Barack Obama in einer Folge von »Comedians in Cars Getting Coffee« im Keller des Weißen Hauses zu Jerry Seinfeld sagt, wie viele Parallelen es zwischen Politik und American Football gäbe: »Viele Spieler, ein hohes Maß an Spezialisierung, viele Schläge, die man einstecken muss, viel Reibung. Aber dann tut sich ab und zu eine Möglichkeit auf.«[11]

Was ist notwendig, damit aus dieser Möglichkeit eine umfassende Klimapolitik entstehen kann? Und wann wird es in den präsidentiellen Entscheidungsvorlagen auftauchen, das »solare Geoengineering«?

Anmerkungen

Einleitung: Los geht's – aber nicht mit Geoengineering

1 Siehe Broecker (1975)

2 Siehe Revelle et al. (1965). Dieser Bericht gilt oft als erster Bericht über den Klimawandel überhaupt, der einem Präsidenten vorlag. Tatsächlich erhielt jedoch auch John F. Kennedy eine (kurze) Warnung vor dem Klimawandel, so wie seitdem jeder Präsident (Hulac, 2018).

3 Budykos Text erschien erst in Russland (Budyko, 1974) und wurde dann ins Englische übersetzt (Budyko, 1977). Siehe Caldeira und Bala (2017) für eine kurze Einführung in sein Konzept. Die Darstellung von Morton (2015) geht detaillierter auf die Geschichte ein.

4 Siehe National Research Council (1992).

5 Siehe Crutzen (2006).

6 Siehe Navarro et al. (2016).

7 Siehe Cicerone (2006).

8 Auch aus einem weiteren Grund hinkt das Beispiel mit der Kleidung. Die zusätzlich absorbierte Wärme beim Tragen schwarzer Oberbekleidung geht normalerweise verloren, bevor sie die Haut erreicht. Siehe die Studie in der *Nature* von Shkolnik et al. (1980), sie trägt passenderweise den Titel »Why do Bedouins wear black robes in hot deserts?« (Warum tragen Beduinen in der heißen Wüste schwarze Kleidung?).

9 Siehe z. B. Ocko et al. (2017).

10 Siehe *The Economist* (2008).

11 Siehe z. B. Goodell (2017).

12 Erste Erwähnung dieser drei Hauptmerkmale bei Keith (2000) und anschließend bei Keith, Parson und Morgan (2010): »fast, cheap, and imperfect«. Untersuchungen der Auswirkungen dieser Merkmale auf die Governance bei Parson und Ernst (2013); Moreno-Cruz, Wagner und Keith (2018) analysieren die formellen wirtschaftlichen Implikationen, Mahajan, Tingley und Wagner (2019) die öffentliche Meinung dazu in den USA.

13 Siehe Tabelle 2 in Smith und Wagner (2018) und Smith (2020) sowie Lockley, MacMartin und Hunt (2020).

14 Siehe Gingrich (2008).

15 Siehe Baker und Wagner (2016) sowie Moreno-Cruz, Wagner und Keith (2018) für eine offizielle Analyse.

1. Nicht ob, sondern wann

1 Siehe Sherwood et al. (2020).

2 Siehe Wagner und Weitzman (2015).

3 Siehe Anmerkung 15 auf S. 163.

4 Siehe Pigou (1920, S. 161).

5 Siehe Aklin und Mildenberger (2020).

6 Siehe bei Wagner und Weitzman (2012) die erste Erwähnung von »free driver« und bei Weitzman (2015) eine offizielle Ausführung der Idee.

7 Siehe z. B. Schelling (1996); Barrett (2008) und Victor (2008).

8 Siehe Zeckhauser (2006) für eine Standardklassifikation im Investmentkontext. Siehe ebenfalls Kapitel 2.

9 Siehe Stockholm International Peace Research Institute (2018) sowie die Diskussion in Smith und Wagner (2018). Noch 15 weitere Länder haben Verteidigungshaushalte von über 3 Milliarden Dollar, womit sich die Gesamtzahl der Länder auf 50 erhöht.

10 Siehe McClellan et al. (2010) für den ursprünglichen Beratungsbericht, der in einer peer-reviewed Analyse (McClellan et al., 2012) veröffentlicht wurde. Siehe Diskussion in der Einleitung von Smith und Wagner (2018) für weitere Studien, sowie Lockley, MacMartin und Hunt (2020) für eine aktualisierte Übersicht.

11 Siehe Keith (2013, S. 6).

12 Bevor Wake Smith zu Pemco kam, war er COO der Atlas Air Worldwide Holdings. Außerdem leitete er die Ausbildungsabteilung von Boeing.

13 Siehe Smith und Wagner (2018). Siehe Buck und Wagner (2018) zu der direkt folgenden Berichterstattung, weiter ausgeführt in Kapitel 3, »Zu schnell und/oder zu langsam?« Smith hat das Ganze mittlerweile weiterentwickelt, »ausgereifte« Anwendungskosten berechnet (Smith, 2020) und sich mit Flugzeugingenieurinnen und -ingenieuren zusammengetan, um sich weiter mit dem neuen Flugzeugdesign SAIL zu befassen (Bingaman et al., 2020).

14 Jacobsen et al. (2019) schätzen die globalen Kosten auf 73 Milliarden Dollar für 143 Länder ein.

15 Siehe bei Barrett (2008), »The incredible economics of geoengineering« eine scharfsinnige erste Einschätzung.

16 Siehe z. B. Horton und Reynolds (2016) sowie Reynolds und Wagner (2019).

17 Siehe Anmerkung 3 auf S. 163.

18 Siehe Crutzen (2006). Siehe Necheles, Burns und Keith (2018) für eine detaillierte Darstellung der Förderung von solarem Geoengineering.

19 Siehe U. S. Global Change Research Program (2019).

20 Siehe Anmerkung 10 auf S. 164.

21 Siehe Victor (2008, S. 324) sowie Wagner und Weitzman (2015, Kapitel 6) für einen ersten Entwurf eines solchen Szenarios.

22 Ich habe Jeff Bezos geraten, »sich nicht zu schnell für eine Seite auszusprechen«, indem er auch nur einen winzigen Teil in die Erforschung des solaren Geoengineerings, geschweige denn in dessen Anwendung investiert. »Eine ähnliche Gefahr der Verzerrung durch die Präferenzen einer Einzelperson besteht bei der gesamten Klimapolitik und Technologielandschaft. Stellen Sie sich einen (verrückten) Milliardär vor, der jetzt eine Milliarde Dollar für die Anwendung von solarem Geoengineering ausgibt.« (Wagner, 2020 a). *The Economist* (2020) hingegen war hier nicht so zurückhaltend, sondern forderte eine Verdoppelung der derzeitigen Förderung des solaren Geengineerings in Höhe von 20 Millionen Dollar jährlich.

23 Siehe Bodansky (2013, S. 548).

--24 Siehe Reynolds und Wagner (2019) sowie Kapitel 6.

25 Siehe Roth (1993) zu den Anfängen der experimentellen Ökonomie, einschließlich einer Beschreibung des Spiels aus dem Jahre 1950 von Melvin Dresher und Merrill Flood, das später unter dem Titel »Gefangenendilemma« bekannt werden sollte. Poundstone (1993) geht auf dieses und viele weitere Dilemmata der Spieltheorie ein.

26 Siehe zum Beispiel Thomson (1985) und Edmonds (2013).

27 Siehe für weitere Details die Diskussion zu Tabelle 1 in Fabre und Wagner (2020).

28 Wie Adrien Fabre und ich es in Fabre und Wagner (2020) darlegen, während andere die komplette Abschwächung als Summe der einzelnen Spielerbeteiligungen darstellen (Barrett, 2007; Sandler, 2018). Dies dürfte sich von Klimaverhandlungen auf Abschwächungsversuche an sich ausweiten lassen: »Sollte die Kombination aus abweichenden Abmilderungsbemühungen ($[L_1, H_2]$ oder $[H_1, L_2]$) zu einem mittleren Gesamtminderungsaufwand M führen, könnte es sinnvoll sein, M und L in dieser Analyse gleich zu behandeln. Insbesondere dann, wenn es eine Art Schwelle zwischen M und H gibt. In diesem Fall könnte nur das Ergebnis H zu einer Stabilisierung des globalen Klimas führen, während sowohl L als auch M eine unaufhaltbare Erwärmung bedeuten würden, wenn auch unterschiedlich schnell.«

29 Siehe Barrett (2007).

30 Siehe z. B. Gilingham und Stock (2018).

31 Siehe Aklin und Mildenberger (2020).

32 Siehe z. B. Kothen (2018) und Nordhaus (2015).

33 Siehe z. B. Wagner (2020 b)

34 Siehe Tabelle 2 in Fabre und Wagner (2020) sowie die Diskussion über weitere Details.

35 Tabelle und Beschreibung aus Fabre und Wagner (2020), Tabelle 3.

36 Siehe Fabre und Wagner (2020). Die Lösung ist verblüffend einfach, wenn man von einem teilspielperfekten Gleichgewicht in einem nicht kooperativen Spiel (Nash, 1951; Selten, 1965) ausgeht. Adrien Fabre und ich sind nicht die Ersten, die auf diese Möglichkeit hinweisen (Fabre und Wagner, 2020). Sie wurde bereits im Kontext strategischer Klimaverhandlungen thematisiert (Millard-Ball, 2012; Moreno-Cruz, 2015; Urpelainen, 2012). Zumindest eine Studie, die sich mit der öffentlichen Meinung befasst, weist auch auf die Möglichkeit hin, dass die bloße Erwähnung von solarem Geoengineering bei manchen den Wunsch nach stärkeren Abschwächungsmaßnahmen auslösen könnte, was in diesem Fall bedeuten würde, mehr Kohlenstoff-Zertifikate zu kaufen (Merk et al., 2016). (Siehe Anmerkung 28 auf S. 174 und die Diskussion dazu).

2. Was soll schon schiefgehen?

1 Yang, Peltier und Hu (2012) zeigen den Zusammenhang zwischen der atmosphärischen CO_2-Konzentration und der Schneeball-Erde. Bei einer vorindustriellen CO_2-Konzentration von 286 ppm müsste die Sonnenstrahlung um 8 bis 9 Prozent abnehmen, damit es zu einer Schneeball-Erde kommt. Höhere CO_2-Konzentrationen würden eine stärkere Verdunkelung der Sonne erfordern. Der Zustand der damaligen Schneeball-Erde endete damit, dass eine große Menge CO_2 freigesetzt wurde, was für einen Temperaturanstieg weltweit sorgte (Hoffman et al., 1998; Hoffman und Schrag, 2002).

2 Siehe Robock (2008). Im Titel steht zwar nur »Geoengineering«, doch Robock bezieht sich tatsächlich auf das solare Geoengineering und im Speziellen auf die stratosphärischen Aerosole. In einer späteren Fassung beschreibt er 28 Gründe, die 6 potenziellen Vorteilen gegenübergestellt werden (Robock, 2020).

3 Eine der größten und umfassendsten stratosphärischen Aerosolmodellierung geht vom Einbringen bei sowohl 15 Grad und 30 Grad Nord und Süd aus (Tilmes et al., 2018).

4 Solares Geoengineering auf hemisphärischem oder regionalem Niveau könnte sich erheblich auf die Niederschlagsmuster auswirken, beispielsweise in der Sahelzone (Haywood et al., 2013). Es könnte auch unbeabsichtigt Tropenstürme beeinflussen. Würde man das solare Geoengineering ausschließlich in der südlichen Hemisphäre einsetzen, könnte es beispielsweise zu mehr Wirbelstürmen kommen (Jones et al., 2017).

5 Siehe Mersereau (2016) und Wood (2014). Eine sachliche Abhandlung in Buchlänge findet sich bei Klingaman und Klingaman (2013), ein etwas literarischer Ansatz bei Glasfurd (2020).

6 Siehe Proctor et al. (2018). Mehr dazu unter 4. »Auswirkungen auf die Pflanzen« und 20. »Unvorhergesehene Konsequenzen«.

7 Peter Stott leitet das Team Climate Monitoring and Attribution des Hadley Centre for Climate Prediction and Research vom Met Office des Vereinigten Königreichs. Siehe Stott et al. (2013) für einen Überblick über seine Arbeit. Siehe bei Stott et al. (2004) eines der ersten Beispiele, das sich auf die europäische Hitzewelle von 2003 bezieht. Siehe außerdem Trenberth et al. (2015) für eine unabhängige Perspektive.

8 Robock (2008) zitiert hier Trenberth und Dai (2007), die auf mögliche Zusammenhänge hinweisen. Siehe Robock (2000) für einen umfassenderen Überblick zu den Auswirkungen von Vulkanausbrüchen auf das Klima.

9 Siehe Oman et al. (2005), ebenfalls erwähnt in Robock (2008) und Robock et al. (2008). Sowohl Oman et al. (2005) und Robock et al. (2008) weisen in ihren Abstracts deutlich auf mögliche Auswirkungen auf den Monsun hin, was Keith (2013, S. 57) ausdrücklich gegenüber Robock et al. (2008) hervorhebt.

10 Siehe Robock et al. (2008).

11 Siehe Keith (2013, S. 57–58), der wiederum Gupta (2010) zitiert.

12 Laut Keith (2013) zeigte eine schnelle Googlesuche im April 2012: »Über die Hälfte aller Googletreffer für ›Geoengineering‹ beinhalten jetzt das Wort ›Monsun‹« (S. 57 und Anmerkung 16). Das hat sich mittlerweile geändert, aber Keiths Ausführungen zum Stellenwert des Monsuns sind weiterhin gültig.

13 Siehe etwa Climate Central (2017).

14 Siehe beispielsweise Oreskes (2019) zur Frage, warum man der Wissenschaft an sich vertrauen sollte.
15 Als einführende Literatur in Buchlänge zum Thema Wissenschafts- und Technikforschung eignen sich beispielsweise Jasanoff (2016, 2011, 2009, 2004) oder Jasanoff et al. (2001). Auch meine begrenzte Sicht und Voreingenommenheit wird natürlich daran deutlich, dass ich hier ausschließlich Sheila Jasanoff zitiere, die mich generell in das Thema STS (Science and Technology Studies) einführte und mich im Rahmen eines Einführungskurses aus dem Grundstudium mit der Umweltpolitik im Speziellen vertraut machte.
16 Siehe Pongratz et al. (2012).
17 Siehe Proctor et al. (2018) sowie 4. »Auswirkungen auf Pflanzen« und 20. »Unvorhergesehene Konsequenzen« unten.
18 Siehe unter anderem Rogelj et al. (2012) zu repräsentativen Konzentrationspfaden. Die Kaya-Identität untergliedert den Prozess, wie Wirtschaftsaktivität pro Kopf zu Emissionen führt, in seine verschiedenen Elemente wie Bevölkerung, Wirtschaftsaktivität, Energieintensität der Produktion und Emissionsintensität der Energieerzeugung (Commoner et al., 1971; Ehrlich und Holdren, 1971; Kaya, 1989). Spätere Einschätzungen des Weltklimarats und Sonderberichte zitieren einiges aus diesen Quellen, darunter IPCC (1992) über IPCC (2018, 2013). Derzeit arbeitet man am sechsten Sachstandsbericht.
19 Siehe Irvine et al. (2019). Die Verfasser: der Wissenschaftler und Experte für Tropenstürme vom MIT Kerry Emanuel; Ji He, Larry Horowitz und Gabriel Vecchi, die allesamt mit einem am Princetoner Geophysical Fluid Dynamics Laboratory entwickelten Modell gearbeitet haben; David Keith. (Siehe außerdem Anmerkung 22 auf S. 167.)
20 Siehe Keith und Irvine (2016).
21 Genauer gesagt sinkt der Temperaturanstieg nun auf + 0,93 °C, fast die Hälfte von 2 °C (Irvine et al., 2019).
22 Siehe Irvine und Keith (2020), die die früheren Ergebnisse bestätigen, welche sich auf eine Halbierung der künftigen Erwärmung durch stratosphärische Aerosole konzentrieren und den »idealisierten« Teil nacharbeiten. Das neue Paper verwendet ein Modell für stratosphärische Aerosole anstelle einer »idealisierten« Senkung der Solarkonstante.
23 Die fünfte Kennzahl, die im Modellszenario des Geophysical Fluid Dynamics Lab analysiert wurde, misst den Verlustleistungsindex von tropischen Wirbelstürmen, ein weiteres bewährtes Maß für die Stärke von Wirbelstürmen (Emanuel, 2005). »Tropischer Wirbelsturm« ist der Überbegriff, im Nordatlantik und nordöstlichen Pazifik – im Umkreis der USA – spricht man meist von einem Hurrikan. Im nordwestlichen Pazifik nennt man das Phänomen Taifun, im Südpazifik und im Indischen Ozean Zyklon.
24 Irvine und Keith (2020) überarbeiten die ursprüngliche Analyse von Irvine et al. (2019) und kommen zu ähnlichen Schlüssen.
25 Siehe Robock (2008, S. 15).
26 Siehe National Research Council (2015 a).
27 Siehe Keith et al. (2017). Ich bin einer von den »et al.«. Die andere ist Claire Zabel. Wie es in der ausführlichen Ethikerklärung heißt, begann sie »während ihrer Zeit als Forscherin in Harvard mit dieser Analyse. Mittlerweile arbeitet sie für das Open Philanthropy Project, das daraufhin zu einem Geldgeber des von [David Keith] und [mir] geleiteten Harvarder Solar Geo-

engineering Research Project wurde.« Mehr dazu in Kapitel 3.

28 Katie Rickes (2019) Tweet fasst diesen Aspekt zusammen, Cao und Jiang (2017) belegen ihn.

29 Siehe z. B. Barrett (2003), Benedick (2009) und Parson (2003).

30 Siehe Anderson et al. (1989).

31 Siehe Keith et al. (2016).

32 Siehe Dai et al. (2020).

33 Im Herbst 2019 trat Jonathan Proctor eine Doktorandenstelle in Harvard an, die aufgeteilt ist zwischen der Harvard Data Science Initiative und dem Harvard University Center for the Environment, bei dem Harvards Solar Geoengineering Research Program offiziell angesiedelt ist.

34 Siehe Eastham et al. (2018).

35 Siehe Kravitz et al. (2009).

36 Für eine Erhebung siehe Lohmann und Gasparini (2017). Siehe Storelvmo et al. (2013) sowie Muri et al. (2014) zu ersten Modellierungsversuchen.

37 Siehe Zerefos et al. (2007).

38 Siehe Kolbert (2021).

39 Siehe Proctor et al. (2018).

40 Siehe z. B. Wagner (2020 c, 2020 d).

41 Siehe Reynolds und Wagner (2019) sowie Kapitel 6.

42 Siehe Ocko et al. (2017). Kolbert (2014) ordnet einige der derzeit beobachteten Veränderungsraten in den historischen Kontext ein.

43 Siehe bei Parker und Irvine (2018) sowie Reynolds et al. (2016) eine Liste mit typischen Gründen – und Argumenten, warum der *termination shock* überbewertet ist.

44 Siehe Penna und Rivers (2013).

45 Siehe Parker und Irvine (2018) und Reynolds et al. (2016).

46 Siehe MacMartin et al. (2014 a, 2014 b).

47 Siehe Kapitel 1.

48 Siehe Robock (2015).

49 Siehe Keith und Dykema (2018).

50 Siehe Reynolds (2019 a) für eine Abhandlung über Governance mit einem Kapitel über internationales Recht, sowie Gerrard und Hester (2018) zu einer umfassenden Darstellung der US-Gesetzgebung.

51 Hier besonders die Carnegie Climate Governance Initiative (C2G) des Carnegie Council for Ethics and International Affairs, zuvor Carnegie Climate Geoengineering Governance Initiative (C2G2) und der dazugehörige Blog www.c2g2.net/c2g-blog

52 Zu den bekannten Abhandlungen, die sich mit einigen der hier genannten Fragen beschäftigen, gehört Szerszynski et al. (2013) mit der Erörterung, »warum Geoengineering zur Steuerung der Sonneneinstrahlung und Demokratie nicht zusammenpassen« sowie Horton et al. (2018) als gute Erwiderung darauf. Mitautoren der letztgenannten Studie waren sowohl David Keith und der inzwischen verstorbene Steve Rayner. Rayner selbst hat einige weitere kritischere Texte verfasst, die viele der ethischen Fragen aufwerfen (z. B. Heyward und Rayner, 2015). Siehe außerdem Anmerkung 18 auf Seite 169 und die Diskussion dazu in Kapitel 3.

53 Siehe Tingley und Wagner (2017).

54 Siehe *The Economist* (2018).

55 Siehe Shepherd (2018).

56 Siehe Miller und Reynolds (2009).

57 Siehe Weltgesundheitsorganisation (2020).

58 Siehe Shearer et al. (2016).

59 Siehe *Popular Science* (1943).

60 Siehe Wagner (2011 a).

61 Siehe Crutzen (2006).

62 Siehe Wagner und Weitzman (2018).

63 Siehe Kapitel 7.

64 Siehe z. B. Yaroshevsky (2006) und McLean (1976).

65 Siehe Shearer et al. (2016).
66 Siehe Wagner (2018).
67 Siehe Robock (2018).
68 Siehe Wagner und Weitzman (2015).
69 Siehe Zeckhauser und Wagner (2019). Derzeit arbeite ich zusammen mit Richard Zeckhauser und Maryaline Catillon an einem Modell, um diese Möglichkeit offiziell zu dokumentieren.
70 Siehe Visioni et al. (2021) für eine Analyse dazu, wie gut eine Annäherung an ein »Dimmen der Sonne« ist.
71 Siehe Sherwood et al. (2020).
72 Kravitz und MacMartin (2020) bieten einen Überblick zum solaren Geoengineering, vor allem zu Unsicherheiten bei den stratosphärischen Aerosolen und dem tatsächlichen Wissensstand der Wissenschaft. Sie legen außerdem wichtige Fragen zur zukünftigen Forschung vor.

3. Forschungsmotivation

1 Siehe Revelle et al. (1965) sowie Anmerkung 2 auf Seite 163 und die kurze Diskussion dazu.
2 Siehe Dales (1968). Siehe Weitzmanns (1974) bahnbrechendes Paper, das Preis und Menge vergleicht.
3 Siehe Moreno-Cruz et al. (2018).
4 Es heißt auch »napkin diagram«, Serviettendiagramm, weil es tatsächlich erstmals auf eine solche gezeichnet wurde (mehr dazu in Kapitel 4).
5 Siehe Fußnote 9 auf Seite 164 und den dazugehörigen Text.
6 Siehe Keith (2000). Siehe außerdem Barrett (2008) und Victor (2008) sowie die Diskussion in Kapitel 1.
7 Siehe Anmerkung 3 auf Seite 163.
8 Siehe National Research Council (1992, Kap. 28).
9 Siehe Mautner und Parks (1990). Siehe Angel (2006) zu späteren Rechnungen, die eine generelle Durchführbarkeit beweisen.
10 Siehe Keith und Dowlatabadi (1992).
11 Siehe Teller (1968) sowie spätere Diskussionen in Kapitel 7 für die eine, sowie Teller et al. (2002, 1999, 1997) für die andere Seite.
12 Siehe Goodell (2011) und Caldeira sowie Bala (2017).
13 Siehe Keith (2000).
14 Siehe Lane et al. (2007).
15 Siehe Keith (2000).
16 Siehe MacCracken et al. (2010).
17 Siehe Crutzen (2006) und die Diskussion zu Anmerkung 5 auf Seite 4 des Textes.
18 Siehe Burns et al. (2019) über ein öffentlich zugängliches Zotero-Datenverzeichnis zu Veröffentlichungen zum solaren Geoengineering, ein Projekt, mit dem ich mich in Harvard beschäftigte. Siehe außerdem Anmerkung 52 auf Seite 66 und die dazugehörige Diskussion.
19 Die Projektwebsite wurde erstmals Anfang 2018 gepostet. Seitdem wurde die Beschreibung angepasst, einschließlich eines stichhaltigen Frage-Antwort-Teils (Keutsch, 2020). Die Seite selbst befindet sich auf Frank Keutschs Laborseite, die größtenteils vom Projektteam um Keutsch (offizieller Projektleiter), David Keith, John Dykema und Lizzie Burns, betreut wird – alles gute Kolleginnen und Kollegen in der Zeit, als ich als mitbegründender Leiter des Harvard

Solar Geoengineering Forschungsprogramms tätig war. Als Lizzie Burns Geschäftsführerin war, übernahm sie meinen Posten als Executive Director des Programms, ich selbst war nie Teil des SCoPEx-Teams.

20 Siehe dazu Pierrehumbert (2017) und Pierrehumbert (2015). Ersteres ist ein Blogeintrag der Seite *Bulletin of the Atomic Scientists*, die später auch einen peer-reviewed Artikel veröffentlichte (Pierrehumbert, 2019 a). Die Organisation hatte zuvor Alan Robocks »20 reasons why geoengineering may be a bad idea« veröffentlicht (Robock, 2008), (siehe Kapitel 2).

21 Siehe Pierrehumbert (2019 b).

22 Siehe zum Beispiel Keith und Wagner (2017) als Reaktion auf eine der missglückten Schlagzeilen.

23 Siehe Dykema et al. (2014). Der Erstautor des Papers, John Dykema, gehört den Gruppen von Keith und Keutsch in Harvard an und ist Projektwissenschaftler von SCoPEx.

24 Früher liefen SCoPEx und das umfassendere Solar Geoengineering Research Program (SGRP) tatsächlich getrennt. SCoPEx bewarb sich wie jedes andere Fakultätsprojekt für eine Förderung beim SGRP. Mittlerweile ist das Management von SCRP und SCoPEx tatsächlich miteinander verknüpft – wenn auch nur aus rein praktischen Gründen. Keine der beiden Positionen ist ein Fulltimejob.

25 Siehe Keith und Dykema (2018) und die Diskussion in den Abschnitten »15 und 16. Kommerzielle und militärische Kontrolle der Technologie« in Kapitel 2.

26 Das Harvard Solar Geoengineering Research Program definiert es folgendermaßen: »Geoengineering wird konventionell in zwei große Kategorien unterteilt: erstens das carbon geoengineering, oft auch Carbon Dioxid Removal (CDR) genannt, und zweitens das solare Geoengineering, oft auch Strahlungsmanagement (SRM), albedo modification oder Sonnenlichtreflektion genannt. Hierbei gibt es große Unterschiede.« (Harvards Solar Geoengineering Research Program, 2016). Der Text stammt von mir.

27 Siehe www.scopexac.com

28 Siehe National Academies of Sciences, Engineering, and Medicine (2021).

29 Siehe Anmerkung 18 auf Seite 169 und die dazugehörige Diskussion.

30 Siehe Kravitz und MacMartin (2020).

31 Siehe die Diskussion in Kapitel 2, besonders die Beschreibungen der Ergebnisse von Irvine et al. (2019) sowie Irvine und Keith (2020).

32 Siehe Smith und Wagner (2018).

33 Siehe McClellan et al. (2012). *Environmental Research Letters* hat seitdem weitere Studien zu den Kosten von solaren Stratosphärenaerosolen publiziert (Smith, 2020).

34 Siehe Carrington (2018).

35 Siehe Davenport und Pierre-Louis (2018).

36 Siehe Buck und Wagner (2018), die einige der Nachwehen beschreiben. Siehe Keck (2018) über eine News-Story, die das Paper und den darauffolgenden Medienrummel einordnet.

37 Siehe Necheles et al. (2018) und die Diskussion zu Anmerkung 18 auf Seite 22.

38 Siehe Rahman et al. (2018).

39 Siehe Pinto et al. (2020), ein an der Universität von Kapstadt ansässiges Team mit einer Kollegin in den USA: Simone Tilmes vom National Center for Atmospheric Research in Boulder, CO. DECIMALS wiederum wird von der SRM Governance Initiative unter der Führung von Andrew Parker geleitet, der zuvor mit David Keith in Harvard forschte.

Achtung

1 Siehe Climate Files (1998).

4. Die »rationale« Klimapolitik

1 Siehe Wagner (2020 e) über einen nicht fiktionalen Hinweis auf die Bedeutung eines systemischen Wandels zur Bewältigung systemischer Risiken.
2 Für eine umfassendere Diskussion siehe Long und Shepherd (2014). Auf der *Asilomar International Conference on Climate Intervention Technologies* im März 2010 stellte John Shepherd das ursprüngliche »Serviettendiagramm« vor. Diese Variante hier soll als grobe Skizze zur Erklärung der verschiedenen Interventionsformen dienen. Sie basiert auf einer ähnlichen Version, die David Keith oft verwendet.
3 Siehe Anmerkung 9 auf Seite 164 und die dazugehörige Diskussion.
4 Siehe Keith und Irvine (2016), die diese Aufteilung in zwei Hälften als Grundlage für weitere Forschung vorschlagen. Siehe Irvine et al. (2019) sowie Irvine und Keith (2020) für genau diese Form von Modellierungsforschung. Andere haben mittlerweile diese Forschungshypothese aufgegriffen, so auch ich zum Beispiel als Grundlage für ein Stratosphären-Aerosol-Kostenszenario: Smith und Wagner (2018).
5 Siehe U. K. Royal Society (2009).
6 Siehe National Research Council (1992).
7 Siehe National Research Council (2015 a) mit Fokus auf dem solaren Geoengineering, wohingegen man sich beim National Research Council (2015 b) auf die Kohlenstoff-Entnahme konzentriert.
8 Siehe National Academies of Sciences, Engineering, and Medicine (2021).
9 Siehe www.c2g2.net/geoeng-sdgs. (In der ursprünglichen Bezeichnung von C2G gab es ein zweites »G« für »Geoengineering«. Es wurde gestrichen, und in der URL taucht dafür eine zweite »2« auf.)
10 Siehe www.c2g2.net/c2g2-mission sowie www.c2g2.net/our-approach für Genaueres zum Ansatz der Initiative.

5. Stürmische Zeiten

1 Siehe zum Beispiel Mufson et al. (2019).
2 Siehe Xu et al. (2020).
3 Siehe McDonald et al. (2019).
4 Box TS. 5, Abbildung 1, mit freundlicher Genehmigung. Siehe IPCC (2007 b). Andere Versionen dieses Schemas zeigen, wie ein Anstieg der mitt-

leren Temperatur in Verbindung mit steigender Varianz der globalen Durchschnittstemperaturen zu noch mehr extremen Wetterereignissen führt (z. B. IPCC 2001, Abb. 2.32, Working Group I).

5 Siehe Smith und Wagner (2018) zu Forschung, die dieses, wie ich betonen möchte, hypothetische Szenario, unterstützt. Nein, Embraer arbeitet meines Wissens nicht tatsächlich daran, und nein, meine lieben Verschwörungstheoretikerinnen und -theoretiker, das Flugzeug, das da gerade über Ihnen fliegt, egal ob von Embraer oder nicht, betreibt kein Geoengineering. Sollten diesbezüglich noch Zweifel bestehen, siehe »18. und 19. Wer kontrolliert das Thermostat und wem obliegt die moralische Autorität« in Kapitel 2.

6 Siehe Diskussion zu SCoPEx in Kapitel 3. Siehe außerdem Keith et al. (2016) zum Kalziumkarbonat.

6. Geoengineering – alle und überall

1 Siehe Smith und Wagner (2018), Smith (2020) sowie die Anmerkungen 12 und 14 auf Seite 164 plus dazugehörige Diskussion.

2 Siehe Weaver (1986).

3 Siehe Ricke et al. (2018), besonders Abbildung 4. Saudi-Arabien teilt sich nach Indien mit den USA den zweiten Platz, was den größten Anteil an den sozialen Kohlenstoffkosten weltweit angeht.

4 Siehe Gillingham et al. (2016) zum Rebound-Effekt, Dechezleprêtre und Sato (2017) zur räumlichen sowie Jensen et al. (2015) zur zeitlichen Verlagerung beziehungsweise zum »Grünen Paradoxon.«

5 Siehe Anmerkung 21 auf Seite 164 sowie Diskussion dazu.

6 Siehe Drogenbericht der UN, jährlich veröffentlicht vom Büro der Vereinten Nationen für Drogen- und Verbrechensbekämpfung, verfügbar unter https://www.unodc.org/unodc/en/data-and-analysis/wdr2021.html

7 Mit Genehmigung von Reynolds und Wagner (2019). Siehe Lockley, MacMartin und Hunt (2020) für eine aktuelle Übersicht zu alternativen Einsatzmethoden.

8 Siehe für eine ausführlichere Diskussion Reynolds und Wagner (2019) sowie Lockley, MacMartin und Hunt (2020) zum aktuellen Stand.

9 Siehe z. B. Hofstadter (1964) oder Machiavelli (1532).

10 Siehe Hume (1740).

7. Moralisches Risiko in Grün

1 Dieses Kapitel stützt sich größtenteils auf Wagner und Zizzamia (2021), für Nichtfachleute kurz zusammengefasst in Wagner und Zizzamia (2020). Die Hauptargumentation taucht auch bei Wagner und Merk (2018) auf, zusammengefasst in Wagner und Merk (2019). Andere umfassende Ansätze bei Reynolds (2019 a, Kap. 3) sowie Lin (2013).

2 Siehe Finkelstein (2014).

3 Siehe Gillingham et al. (2016) sowie die Diskussion dazu und zu Anmerkung 4 im vorherigen Kapitel.

4 Siehe Keith (2000), der den Begriff erstmalig im Kontext Geoengineering verwendete.

5 Siehe dazu McLaren (2016) und Morrow (2014). Siehe außerdem Lin (2013) für eine umfassende Diskussion sowie Reynolds (2015) für einen kritischen Bericht.

6 Siehe Gingrich (2008).

7 Siehe Wagner (2012) zu einigen meiner diesbezüglichen Tendenzen und, etwas aktueller, eine Reihe von Argumenten, die ich mit Martin Weitzman im letzten Kapitel von *Klimaschock* ausführe (Wagner und Weitzman, 2015).

8 Siehe z. B. Wagner (2020 f) über eine aktuelle Zusammenfassung der Hauptdebatte. Siehe z. B. Jenkins et al. (2020) für eine tiefergehende Diskussion.

9 Siehe z. B. Wagner et al. (2015) sowie Meckling, Sterner und Wagner (2017).

10 Siehe Anmerkung 10 auf Seite 163 und die dazugehörige Diskussion.

11 Siehe Wagner und Zizzamia (2020, 2021).

12 Siehe z. B. Mann (2018).

13 Beide Geschichten habe auch ich in Kapitel 6 von *But Will the Planet Notice?* (Wagner, 2011 a) erzählt.

14 Siehe Meyer (2010) und aktueller Ridley (2015), ebenfalls beschrieben in Wagner (2011 a, Kap. 6).

15 Siehe Bardi (2004), größtenteils basierend auf Daten von Starbuck (1878) und später detaillierter beschrieben in Bardi (2011). Bardi und Lavacchi (2009) bringen ausführliche Daten zum Waltran. Hinweis: In ihrer Abbildung 5 sollte anstatt year 0 = 1804 das Jahr 1818 stehen, ein Tippfehler, wie mir die Autoren bestätigten, als ich an Wagner (2011 a, Kapitel 6) schrieb. Siehe Brox (2010) für eine weitere wortgewandte Version.

16 Es gibt viele Varianten der Pferdeäpfelgeschichte. Dieser Auszug stammt aus Kapitel 6 von *But Will The Planet Notice?* (Wagner, 2011 a), der sich bei den Fakten wiederum teils auf Morris (2007) stützt. Eine großartige Betrachtung zur Pferdegeschichte im Kontext des solaren Geoengineerings findet man bei Kolbert (2009), der auch mit einigen Fehlannahmen aufräumt, die in Levitt und Dubners (2011) *Superfreakonomics* verbreitet werden.

17 Siehe Wagner (2011 a, Kapitel 6), was sich wiederum auf Flink (1990) und Yago (1984) stützt.

18 Siehe Jessee (2013).

19 Siehe Commoner (1966, S. 64).

20 Siehe Carson (1962).

21 Siehe Revelle et al. (1965).

22 Siehe Borgman (2012) und Morton (2015, S. 153 f., S. 157).

23 Siehe Brand (1968).

24 Siehe Brand (2009).

25 Siehe Burns et al. (2016). Ein Überblick mit Fokus auf dem solaren Geoengineering. Manche Studien gehen auch explizit auf die Kohlenstoff-Entnahme ein. Es gibt weitere Studien, die hier nicht genannt werden, welche sich ausschließlich auf Technologien zur Kohlenstoff-Entnahme konzentrieren.

26 Siehe Podsakoff et al. (2003). In Mahajan, Tingley und Wagner (2019) prüfen wir explizit auf Akquieszenz zum moralischen Risiko des solaren Geoengineerings und können bestätigen, dass es die ansonsten schwachen Ergebnisse zum moralischen Risiko in den Schatten stellt.

27 Meine Meinung hierzu: Freiwillige Kohlenstoff-Ausgleichsmaßnahmen bringen eher nichts, sind vielleicht sogar ein Schritt zurück (Wagner, 2011 a, 2011 b).

28 Siehe Merk, Pönitzsch und Rehdanz (2016).
29 Siehe Wagner und Merk (2019, 2018). Bald erscheint hoffentlich auch »Merk und Wagner« mit weiteren Forschungsergebnissen. Siehe Maki et al. (2019) für eine Übersicht der Literatur zu den umweltfreundlichen Spillover-Effekten im Zusammenhang mit dem Phänomen des umgekehrten moralischen Risikos.
30 Siehe Wagner und Weitzman (2015) sowie einige Essays, die davor und danach erschienen sind (z. B. Wagner und Weitzman, 2018, 2012).
31 Siehe Holthaus (2020).
32 Siehe Anmerkung 1 auf Seite 166 und die dazugehörige Diskussion.
33 Siehe Peper (2020) und Robinson (2020).
34 Siehe www.scopexac.com sowie die Diskussionen in Kapitel 3.
35 Siehe Frumhoff und Stephens (2018).

8. Steuerung der Forschung

1 Siehe Gerrard und Hester (2018) für die erste Abhandlung in Buchlänge ausschließlich zu Geoengineering und Recht; Reynolds (2019 a) für eine überaus umfassende Betrachtung mit Fokus auf dem solaren Geoengineering sowie Pásztor, Scharf und Schmidt (2017) für eine kurze Zusammenfassung der Hauptthemen.
2 Siehe britische Royal Society (2009) für den ersten umfassenden Bericht zum solaren Geoengineering. Der erste Bericht mit einer ausdrücklichen Erwähnung des solaren Geoengineerings in den USA wurde 1992 veröffentlicht (National Research Council, 1992), gefolgt von National Research Council (2015 a), wobei in National Research Council (2015 b) der Fokus auf der Kohlenstoffentnahme liegt. Siehe außerdem National Academies of Sciences, Engineering and Medicine (2011).
3 Siehe Temple (2019).
4 Siehe Necheles, Burns und Keith (2018).
5 Siehe National Academies of Sciences, Engineering and Medicine.
6 Siehe Parson und Keith (2013).
7 Ebenda.
8 Siehe Cicerone (2006) und Crutzen (2006).
9 Siehe MacCracken et al. (2010) und die Diskussion zu Asilomar in Kapitel 3.
10 Siehe Parson und Keith (2013).
11 Für ein gut dokumentiertes Beispiel des eher unaufrichtigen Vorgehens der ETC Group siehe Reynolds (2019 b).
12 Siehe Pásztor, Scharf und Schmidt (2017).
13 Siehe https://www.cbd.int/decisions/cop/13/14.
14 Siehe z. B. Wagner und Weitzman (2015).
15 Siehe Kapitel 7.
16 Siehe »Und was, wenn Geoengineering zu einer strengeren Klimapolitik führen würde?« in Kapitel 1.
17 Siehe Robock (2015) und den Teil »15. und 16. Kommerzielle und militärische Kontrolle der Technologie« in Kapitel 2.
18 Siehe Low und Buck (2020).

Epilog: Ein unvermeidliches Glücksspiel

1 Diese Aussage geht zurück auf eine unglückliche Schlagzeile im *Guardian* (Watts, 2018), die der interne Umweltredakteur, der damals im Urlaub war, laut eigenen Angaben nicht so formuliert hätte. Costa Samaras und ich erörtern die Konsequenzen in Wagner und Samaras, 2019.

2 Siehe Wagner und Weitzman (2015), entstanden aus einem Aufsatz in der *Foreign Policy*, der das Thema Geoengineering zum Thema hatte (Wagner und Weitzman, 2012).

3 Siehe Shabecoff (1988). Um diese Veranstaltung ranken sich viele Erzählungen, zum Beispiel, man habe im Vortragssaal absichtlich die Temperatur hochgeregelt, um einen dramatischen Effekt zu erzielen. Dem war nicht so (Kessler, 2015).

4 Siehe Banerjee, Song und Hasemyer (2015).

5 Siehe Revelle et al. (1965).

6 Siehe Arrhenius (1896).

7 Siehe Molena (1912).

8 Siehe z. B. Wagner (2020 g).

9 Siehe Proctor et al. (2018) und »4. Auswirkungen auf die Pflanzen« in Kapitel 2.

10 Siehe Merk, Pönitzsch und Rehdanz (2016) sowie »Das moralische Risiko – und die umgekehrte Version davon« in Kapitel 7.

11 Siehe https://www.youtube.com/watch?v=UM--Q_zpuJGU ab 13:06.

Bibliografie

Aklin, M., Mildenberger, M., 2020. Prisoners of the wrong dilemma: Why distributive conflict, not collective action, characterizes the politics of climate change. *Global Environmental Politics* 20, S. 4–27. https://doi.org/10.1162/glep_a_00578

Anderson, J. G., Brune, W. H., Proffitt, M. H., 1989. Ozone destruction by chlorine radicals within the Antarctic vortex: The spatial and temporal evolution of ClO-O3 anticorrelation based on in situ ER-2 data. *Journal of Geophysical Research*: Atmospheres 94, S. 11465–11479. https://doi.org/10.1029/JD094iD09p11465

Angel, R., 2006. Feasibility of cooling the Earth with a cloud of small spacecraft near the inner Lagrange point (L1). *Proceedings of the National Academy of Sciences* 103, S. 17184–17189.

Arrhenius, S., 1896. On the influence of carbonic acid in the air upon the temperature of the ground. *London, Edinburgh, and Dublin Philosophical Magazine and Journal of Science* 41, S. 237–276.

Baker Jr., G. L., Wagner, G., 2016. Need portfolio approach to climate risk. *The Mercury News/East Bay Times.*

Banerjee, N., Song, L., Hasemyer, D., 2015. Exxon: The road not taken. Inside Climate News. https://insideclimatenews.org/news/16092015/exxons-own-research-confirmed-fossil-fuels-role-in-global-warming/

Bardi, U., 2011. *The Limits to Growth Revisited.* Springer Science and Business Media.

Bardi, U., 2004. Prices and production over a complete Hubbert cycle: The case of the American whaling industry in the 19th century. *Association for the Study of Peak Oil and Gas.*

Bardi, U., Lavacchi, A., 2009. A simple interpretation of Hubbert's model of resource exploitation. *Energies* 2, S. 646–661.

Barrett, S., 2008. The incredible economics of geoengineering. *Environmental* and *Resource Economics. Econ* 39, S. 45–54. https://doi.org/10.1007/s10640-007-9174-8

Barrett, S., 2007. Why Cooperate?: The Incentive to Supply Global Public Goods. Oxford University Press on Demand.

Barrett, S., 2003. Environment and Statecraft: The Strategy of Environmental Treaty-Making. Oxford University Press.

Benedick, R. E., 2009. Ozone Diplomacy: New Directions in Safeguarding the Planet. Harvard University Press.

Bingaman, D. C., Rice, C. V., Smith, W., Vogel, P., 2020. A stratospheric aerosol injection lofter aircraft concept: Brimstone Angel, in AIAA Scitech 2020 Forum,

AIAA SciTech Forum. *American Institute of Aeronautics and Astronautics.* https://doi.org/10.2514/6.2020-0618

Bodansky, D., 2013. The who, what, and wherefore of geoengineering governance. *Climatic Change* 121, S. 539–551.

Borgmann, A., 2012. The setting of the scene: technological fixes and the design of the good life, in Preston, C. J. (Hrsg.), *Engineering the Climate: The Ethics of Solar Radiation Management.* Lexington Books, Lanham, MD, S. 189–200.

Brand, S., 2009. Whole Earth Discipline: Why Dense Cities, Nuclear Power, Transgenic Crops, Restored Wildlands, and Geoengineering are Necessary. Viking Press, New York, N. Y. Brand, S., 1968. The Whole Earth Catalog. Portola Institute.

Broecker, W. S., 1975. Climatic change: Are we on the brink of a pronounced global warming? *Science* 189, S. 460–463.

Brox, J., 2010. Brilliant: The Evolution of Artificial Light. Houghton Mifflin Harcourt.

Buck, H., Wagner, G., 2018. What it's like when Questlove does a better job tweeting about your research than CNN. Harvard's Solar Geoengineering Research blog. https://gwagner.com/questlove-erl-cnn/

Budyko, M. I., 1977. Climatic changes. *American Geophysical Union.*

Budyko, M. I., 1974. Izmenenie klimata. *Gidrometeoizdat.*

Burns, E. T., Flegal, J. A., Keith, D. W., Mahajan, A., Tingley, D., Wagner, G., 2016. What do people think when they think about solar geoengineering? A review of empirical social science literature, and prospects for future research. Earth's Future 4, S. 536–542.

Burns, L., Chang, A., Irvine, P. J., Matzner, N., Necheles, E., Reynolds, J. L., Wagner, G., 2019. Solar Geoengineering Research Zotero Library. https://geoengineering.environment.harvard.edu/blog/zotero

Caldeira, K., Bala, G., 2017. Reflecting on 50 years of geoengineering research. *Earth's Future* 5, S. 10–17. https://doi.org/10.1002/2016EF000454

Cao, L., Jiang, J., 2017. Simulated effect of carbon cycle feedback on climate response to solar geoengineering. *Geophysical Research Letters* 44, 12, S. 12 484–12 491. https://doi.org/10.1002/2017GL076546

Carrington, D., 2018. Solar geoengineering could be »remarkably inexpensive« – report. *Guardian.*

Carson, R., 1962. *Silent Spring.* Houghton Mifflin Harcourt, New York, N. Y.

Cicerone, R. J., 2006. Geoengineering: Encouraging research and overseeing implementation. *Climatic Change* 77, S. 221–226.

Climate Central, 2017. Small Change in Average, Big Change in Extremes. https://wxshift.com/news/graphics/small-change-in-average-big-change-in-extremes

Climate Files, 1998. 1998 Shell Internal TINA Group Scenarios 1998–2020 Report. http://www.climatefiles.com/shell/1998-shell-internal-tina-group-scenarios-1998-2020-report/

Commoner, B., 1966. *Science and Survival.* Viking Press, New York, N. Y.

Commoner, B., Corr, M., Stamler, P. J., 1971. The causes of pollution. *Environment: Science and Policy for Sustainable Development* 13, S. 2–19.

Crutzen, P. J., 2006. Albedo enhancement by stratospheric sulfur injections: A contribution to resolve a policy dilemma? *Climatic Change* 77, S. 211–220. https://doi.org/10.1007/s10584-006-9101-y

Dai, Z., Weisenstein, D. K., Keutsch, F. N., Keith, D. W., 2020. Experimental reaction rates constrain estimates of ozone response to calcium carbonate geoengineering. *Communications Earth and Environment* 1, S. 1–9. https://doi.org/10.1038/s43247-020-00058-7

Dales, J. H., 1968. Pollution, Property, and Prices: An Essay in Policy-making and Economics. University of Toronto Press.

Davenport, C., Pierre-Louis, K., 2018. U. S. climate report warns of damaged environment and shrinking economy. *New York Times.*

Dechezleprêtre, A., Sato, M., 2017. The impacts of environmental regulations on competitiveness. *Review of Environmental Economics and Policy* 11, S. 183–206.

Dykema, J. A., Keith, D. W., Anderson, J. G., Weisenstein, D., 2014. Stratospheric controlled perturbation experiment: a small-scale experiment to improve understanding of the risks of solar geoengineering. Philosophical Transactions of the Royal Society *A: Mathematical, Physical and Engineering Sciences* 372, 20140059. https://doi.org/10.1098/rsta.2014.0059

Eastham, S. D., Weisenstein, D. K., Keith, D. W., Barrett, S. R. H., 2018. Quantifying the impact of sulfate geoengineering on mortality from air quality and UV-B exposure. *Atmospheric Environment* 187, S. 424–434. https://doi.org/10.1016/j.atmosenv.2018.05.047

Economist, 2020. Jeff Bezos wants to help save the climate. Here is how he should do it. *The Economist.*

Economist, 2018. Could Tibetan clouds save China from drought? *The Economist.*

Economist, 2008. Adapt or die. *The Economist.*

Edmonds, D., 2013. Would You Kill the Fat Man?: The Trolley Problem and what Your Answer Tells Us About Right and Wrong. Princeton University Press.

Ehrlich, P. R., Holdren, J. P., 1971. Impact of population growth. *Science* 171, S. 1212–1217.

Emanuel, K., 2005. Increasing destructiveness of tropical cyclones over the past 30 years. *Nature* 436, S. 686–688. https://doi.org/10.1038/nature03906

Fabre, A., Wagner, G., 2020. Availability of Risky Geoengineering Can Make an Ambitious Climate Mitigation Agreement More Likely. Palgrave Communications.

Finkelstein, A., 2014. *Moral Hazard in Health Insurance.* Columbia University Press.

Flink, J. J., 1990. *The Automobile Age.* MIT Press.

Frumhoff, P. C., Stephens, J. C., 2018. Towards legitimacy of the solar geoengineering research enterprise. *Philosophical Transactions of the Royal Society A: Mathematical, Physical and Engineering Sciences* 376, 20160459.

Gerrard, M. B., Hester, T., 2018. Climate Engineering and the Law: Regulation and Liability for Solar Radiation Management and Carbon Dioxide Removal. Cambridge University Press.

Gillingham, K., Rapson, D., Wagner, G., 2016. The rebound effect and energy efficiency policy. *Review of Environmental Economics and Policy* 10, S. 68–88.

Gillingham, K., Stock, J. H., 2018. The cost of reducing greenhouse gas emissions. Journal of Economic Perspectives 32, S. 53–72. https://doi.org/10.1257/jep.32.4.53

Gingrich, N., 2008. Stop the green pig: Defeat the Boxer-Warner-Lieberman Green Pork Bill capping American jobs and trading America's future. *Human Events.*

Glasfurd, G., 2020. The Year Without Summer: 1816 – One Event, Six Lives, a World Changed. John Murray Press.

Goodell, J., 2017. The Water Will Come: Rising Seas, Sinking Cities, and the Remaking of the Civilized World. Little, Brown.

Goodell, J., 2011. Can geoengineering save the world? Rolling Stone. https://www.rollingstone.com/politics/politics-news/can-geoengineering-save-the-world-238326/

Gupta, A., 2010. Geoengineering the planet? *Z Magazine.*

Harvard's Solar Geoengineering research program, 2016. *Geoengineering*. https://geoengineering.environment.harvard.edu/geoengineering

Haywood, J. M., Jones, A., Bellouin, N., Stephenson, D., 2013. Asymmetric forcing from stratospheric aerosols impacts Sahelian rainfall. *Nature Climate Change* 3, S. 660–665.

Heyward, C., Rayner, S., 2015. Uneasy expertise: Geoengineering, social science, and democracy in the Anthropocene. Oxford University.

Hoffman, P. F., Kaufman, A. J., Halverson, G. P., Schrag, D. P., 1998. A Neoproterozoic Snowball Earth. *Science* 281, S. 1342–1346. https://www.science.org/doi/10.1126/science.281.5381.1342

Hoffman, P. F., Schrag, D. P., 2002. The Snowball Earth hypothesis: Testing the limits of global change. *Terra Nova* 14, S. 129–155. https://doi.org/10.1046/j.1365-3121.2002.00408.x

Hofstadter, R., 1964. The Paranoid Style in American Politics. Vintage.

Holthaus, E., 2020. The Future Earth: A Radical Vision for What's Possible in the Age of Warming. HarperOne, New York, N. Y.

Horton, J. B., Reynolds, J. L., 2016. The international politics of climate engineering: A review and prospectus for international relations. *International Studies Review* 18, S. 438–461. https://doi.org/10.1093/isr/viv013

Horton, J. B., Reynolds, J. L., Buck, H. J., Callies, D., Schäfer, S., Keith, D. W., Rayner, S., 2018. Solar geoengineering and democracy. *Global Environmental Politics* 18, S. 5–24.

Hulac, B., 2018. Every president since JFK was warned about climate change. *ClimateWire.*

Hume, D., 1740. Ein Traktat über die Menschliche Natur.

London. IPCC, 2018. Global warming of 1.5 °C.

IPCC, 2013. Fifth Assessment Report: Climate Change.

IPCC 2007 a. Fourth Assessment Report.

IPCC 2007 b. Technical Summary. In Climate Change 2007: The Physical Science Basis. Contribution of Working Group I to the Fourth Assessment Report of the Intergovernmental Panel on Climate Change [Solomon, S., D. Qin, M. Manning, Z. Chen, M. Marquis, K. B. Averyt, M. Tignor und H. L. Miller (Hrsg.)]. Cambridge University Press, Cambridge, U. K. and New York, N. Y., U.S.A.

IPCC, 2001. Third Assessment Report.

IPCC, 1992. First Assessment Report.

Irvine, P., Emanuel, K., He, J., Horowitz, L. W., Vecchi, G., Keith, D., 2019. Halving warming with idealized solar geoengineering moderates key climate hazards. *Nature Climate Change* 9, S. 295–299. https://doi.org/10.1038/s41558-019-0398-8

Irvine, P. J., Keith, D. W., 2020. Halving warming with stratospheric aerosol geoengineering moderates policy-relevant climate hazards. Environmental Research Letters 15, 044011. https://iopscience.iop.org/article/10.1088/1748-9326/ab76de

Jacobson, M. Z., Delucchi, M. A., Cameron, M. A., Coughlin, S. J., Hay, C. A., Manogaran, I. P., Shu, Y., von Krauland, A.-K., 2019. Impacts of green new deal energy plans on grid stability, costs, jobs, health, and climate in 143 countries. *One Earth* 1, S. 449–463. https://doi.org/10.1016/j.oneear.2019.12.003

Jasanoff, S., 2016. The Ethics of Invention: Technology and the Human Future. W. W. Norton & Company.

Jasanoff, S., 2011. Designs on Nature: Science and Democracy in Europe and the United States. Princeton University Press.

Jasanoff, S., 2009. The Fifth Branch: Science Advisers as Policymakers. Harvard University Press.

Jasanoff, S., 2004. States of Knowledge: The Co-Production of Science and the Social Order. Routledge.

Jasanoff, S., Markle, G. E., Peterson, J. C., Pinch, T., 2001. *Handbook of Science and Technology Studies.* Sage Publications.

Jenkins, J., Stokes, L., Wagner, G., 2020. *Carbon Pricing and Innovation in a World of Political Constraints* (Workshop Report). N. Y. U. Wagner, New York, N. Y.

Jensen, S., Mohlin, K., Pittel, K., Sterner, T., 2015. An introduction to the green paradox: The unintended consequences of climate policies. *Review of Environmental Economics and Policy* 9, S. 246–265.

Jessee, E. J., 2013. Radiation ecologies: Bombs, bodies, and environment during the atmospheric nuclear weapons testing period, 1942–1965 (Dissertation). Montana State University-Bozeman, College of Letters and Science.

Jones, A. C., Haywood, J. M., Dunstone, N., Emanuel, K., Hawcroft, M. K., Hodges, K. I., Jones, A., 2017. Impacts of hemispheric solar geoengineering on tropical cyclone frequency. *Nature Communications* 8, S. 1–10. https://doi.org/10.1038/s41467-017-01606-0

Kaya, Y., Mai 1989. Impact of carbon dioxide emission control on GNP growth: interpretation of proposed scenarios. Intergovernmental Panel on Climate Change/Response Strategies Working Group.

Keck, C., 2018. No, scientists didn't just suggest we »dim the sun« to stop climate change. *Earther.*

Keith, D., 2013. *A Case for Climate Engineering*. The MIT Press, Cambridge, MA.

Keith, D., Dowlatabadi, H., 1992. A serious look at geoengineering. *Eos, Transactions American Geophysical Union* 73, S. 289–293.

Keith, D. W., 2000. Geoengineering the climate: History and prospect. *Annual Review of Energy and the Environment* 25, S. 245–284.

Keith, D. W., Dykema, J. A., 2018. Why we chose not to patent solar geoengineering technologies. https://keith.seas.harvard.edu/blog/why-we-chose-not-patent-solar-geoengineering-technologies

Keith, D. W., Irvine, P. J., 2016. Solar geoengineering could substantially reduce climate risks – A research hypothesis for the next decade. *Earth's Future 4*, 2016EF000465. https://doi.org/10.1002/2016EF000465

Keith, D. W., Parson, E., Morgan, M. G., 2010. Research on global sun block needed now. *Nature* 463, S. 426–427. https://doi.org/10.1038/463426a

Keith, D. W., Wagner, G., 2017. Fear of solar geoengineering is healthy – but don't distort our research. *Guardian.*

Keith, D. W., Wagner, G., Zabel, C. L., 2017. Solar geoengineering reduces atmospheric carbon burden. *Nature Climate Change* 7, S. 617–619.

Keith, D. W., Weisenstein, D. K., Dykema, J. A., Keutsch, F. N., 2016. Stratospheric solar geoengineering without ozone loss. *PNAS* 113, S. 14910–14914. https://www.pnas.org/doi/full/10.1073/pnas.1615572113

Kessler, G., 2015. Setting the record straight: The real story of a pivotal climate-change hearing. *Washington Post.*

Keutsch, F. N., 2020. SCoPEx. https://projects.iq.harvard.edu/keutschgroup/scopex

Klingaman, W. K., Klingaman, N. P., 2013. The Year Without Summer: 1816 and the Volcano That Darkened the World and Changed History. Macmillan.

Kolbert, E., 2021. *Under a White Sky*. Random House LCC U.S.

Kolbert, E., 2014. The Sixth Extinction: An Unnatural History. Henry Holt & Company.

Kolbert, E., 2009. Hosed. *The New Yorker.*

Kotchen, M. J., 2018. Which social cost of carbon? A theoretical perspective. *Journal of the Association of Environmental and Resource Economists* 5, S. 673–694.

Kravitz, B., MacMartin, D. G., 2020. Uncertainty and the basis for confidence in solar geoengineering research. *Nature Reviews Earth and Environment* 1, S. 64–75. https://doi.org/10.1038/s43017-019-0004-7

Kravitz, B., Robock, A., Oman, L., Stenchikov, G., Marquardt, A. B., 2009. Sulfuric acid deposition from stratospheric geoengineering with sulfate aerosols. Journal of Geophysical Research: Atmospheres 114. https://doi.org/10.1029/2009JD011918

Lane, L., Caldeira, K., Chatfield, R., Langhoff, S., 2007. Workshop Report on Managing Solar Radiation (No. NASA/CP-2007-214558, A-070010). NASA.

Levitt, S. D., Dubner, S. J., 2011. *Superfreakonomics.* Sperling & Kupfer.

Lin, A., 2013. Does geoengineering present a moral hazard? Ecology Law Quarterly 40, S. 673–712.

Lockley, A., MacMartin, D., Hunt, H., 2020. An update on engineering issues concerning stratospheric aerosol injection for geoengineering. *Environmental Research Commununications* 2, 082001. https://doi.org/10.1088/2515-7620/aba944

Lohmann, U., Gasparini, B., 2017. A cirrus cloud climate dial? Science 357, S. 248–249. https://doi.org/10.1126/science.aan3325

Long, J. C. S., Shepherd, J. G., 2014. The strategic value of geoengineering research, in Freedman, B. (ed.), *Global Environmental Change, Handbook of Global Environmental Pollution.* Springer Netherlands, S. 757–770. https://doi.org/10.1007/978-94-007-5784-4_24

Low, S., Buck, H. J., 2020. The practice of responsible research and innovation in »climate engineering«. *WIREs Climate Change* 11, https://doi.org/10.1002/wcc.644

MacCracken, M., Berg, P., Crutzen, P. J., Barrett, S., Barry, R., Hamburg, S., Lampitt, R., Liverman, D., Lovejoy, T., McBean, G., Shepherd, J., Siedel, S., Somerville,

R., Wigley, T., 2010. Statement from the Conference's Scientific Organizing Committee. Asilomar International Conference on Climate Intervention Technologies.

McClellan, J., Keith, D. W., Apt, J., 2012. Cost analysis of stratospheric albedo modification delivery systems. *Environmental Research Letters* 7, 034019.

McClellan, J., Sisco, J., Suarez, B., Keogh, G., 2010. *Geoengineering Cost Analysis.* Aurora Flight Sciences Corporation, Cambridge, MA.

McDonald, J., McGee, J., Brent, K., Burns, W., 2019. Governing geoengineering research for the Great Barrier Reef. *Climate Policy* 19, S. 801–811. https://doi.org/10.1080/14693062.2019.1592742

Machiavelli, N., um 1513. Il Principe. Erste deutsche Übersetzung von Christian Albrecht von Lenz, 1692.

McLaren, D., 2016. Mitigation deterrence and the »moral hazard« of solar radiation management. *Earth's Future* 4, S. 596–602.

McLean, E. O., 1976. Chemistry of soil aluminum. *Communications in Soil Science and Plant Analysis* 7, S. 619–636. https://doi.org/10.1080/00103627609366672

MacMartin, D. G., Kravitz, B., Keith, D. W., Jarvis, A., 2014 a. Dynamics of the coupled human – climate system resulting from closed-loop control of solar geoengineering. *Climate Dynamics* 43, S. 243–258. https://doi.org/10.1007/s00382-013-1822-9

MacMartin, D. G., Kravitz, B., Keith, D. W., 2014 b. Geoengineering: The world's largest control problem. *American Control Conference*, S. 2401–2406.

Mahajan, A., Tingley, D., Wagner, G., 2019. Fast, cheap, and imperfect? U.S. public opinion about solar geoengineering. *Environmental Politics* 28, S. 523–543. https://doi.org/10.1080/09644016.2018.1479101

Maki, A., Carrico, A. R., Raimi, K. T., Truelove, H. B., Araujo, B., Yeung, K. L., 2019. Meta-analysis of pro-environmental behaviour spillover. *Nature Sustainability* 2, S. 307.

Mann, C. C., 2018. The Wizard and the Prophet: Two Remarkable Scientists and Their Dueling Visions to Shape Tomorrow's World. Knopf Doubleday Publishing Group.

Mautner, M., Parks, K., 1990. Space-based control of the climate, in *Engineering, Construction, and Operations in Space II*. ASCE, S. S. 1159–1168.

Meckling, J., Sterner, T., Wagner, G., 2017. Policy sequencing toward decarbonization. Nature Energy. https://doi.org/10.1038/s41560-017-0025-8

Merk, C., Pönitzsch, G., Rehdanz, K., 2016. Knowledge about aerosol injection does not reduce individual mitigation efforts. *Environmental Research Letters* 11, 054009. https://doi.org/10.1088/1748-9326/11/5/054009

Mersereau, D., 2016. 15 facts about »the year without a summer«. *Mental Floss.*

Meyer, W., 2010. The man who saved the whales. Forbes. https://www.forbes.com/sites/warrenmeyer/2010/11/05/the-man-who-saved-the-whales/

Millard-Ball, A., 2012. The Tuvalu Syndrome: Can geoengineering solve climate's collective action problem? *Climatic Change 110*, S. 1047–1066. https://doi.org/10.1007/s10584-011-0102-0

Miller, L., Reynolds, J., 2009. Autism and vaccination – the current evidence. Journal for Specialists in Pediatric Nursing 14, S. 166–172. https://doi. org/10.1111/j.1744-6155.2009.00194.x

Molena, F., 1912. Popular Mechanics. S. 339–342.

Moreno-Cruz, J., Wagner, G., Keith, D., 2018. An economic anatomy of optimal climate policy (Nr. ID 3001221), *HKS Faculty Research Working Paper Series* RWP17-028.

Moreno-Cruz, J. B., 2015. Mitigation and the geoengineering threat. *Resource and Energy Economics* 41, S. 248–263. https://www.sciencedirect.com/science/article/abs/pii/S092876551500038X?via%3Dihub

Morris, E., 2007. From horse power to horsepower. *Access Magazine* 1, S. 2–10.

Morrow, D. R., 2014. Ethical aspects of the mitigation obstruction argument against climate engineering research. *Philosophical Transactions of the Royal Society A: Mathematical, Physical and Engineering Sciences* 372, 20140062. https://doi.org/10.1098/rsta.2014.0062

Morton, O., 2015. The Planet Remade: How Geoengineering Could Change the World. Princeton University Press.

Mufson, S., Mooney, C., Eilperin, J., Muyskens, J., 2019. Extreme climate change has arrived in America. *Washington Post.*

Muri, H., Kristjánsson, J. E., Storelvmo, T., Pfeffer, M. A., 2014. The climatic effects of modifying cirrus clouds in a climate engineering framework. *Journal of GeOphysical Research: Atmospheres* 119, S. 4174–4191. https://doi.org/10.1002/2013JD021063

Nash, J., 1951. Non-cooperative games. *Annals of Mathematics 54,* S. 286–295. https://doi.org/10.2307/1969529

National Academies of Sciences, Engineering, and Medicine, 2021. *Reflecting Sunlight: Recommendations for Solar Geoengineering and Research Governance.* National Academies Press.

National Research Council, 2015 a. *Climate Intervention: Reflecting Sunlight to Cool Earth.* National Academies Press.

National Research Council, 2015 b. *Climate Intervention: Carbon Dioxide Removal and Reliable Sequestration.* National Academies Press, Washington, D. C.

National Research Council, 1992. Policy implications of greenhouse warming. National Academy of Sciences Committee on Science, Engineering, and Public Policy, Washington, D. C.

Navarro, J. C. A., Varma, V., Riipinen, I., Seland, Ø., Kirkevåg, A., Struthers, H., Iversen, T., Hansson, H.-C., Ekman, A. M. L., 2016. Amplification of Arctic warming by past air pollution reductions in Europe. *Nature Geoscience* 9, S. 277–281. https://doi.org/10.1038/ngeo2673

Necheles, E., Burns, E. T., Keith, D. W., 2018. Funding for solar geoengineering from 2008 to 2018. Solar Geoengineering Research Blog. https://geoengineering.environment.harvard.edu/blog/funding-solar-geoengineering

Nordhaus, W. D., 2015. Climate clubs: Overcoming free-riding in international climate policy. *American Economic Review* 105, S. 1339–1370. https://doi.org/10.1257/aer.15000001

Ocko, I. B., Hamburg, S. P., Jacob, D. J., Keith, D. W., Keohane, N. O., Oppenheimer, M., Roy-Mayhew, J. D., Schrag, D. P., Pacala, S. W., 2017. Unmask temporal trade-offs in climate policy debates. *Science* 356, S. 492–493.

Oman, L., Robock, A., Stenchikov, G., Schmidt, G. A., Ruedy, R., 2005. Climatic response to high-latitude volcanic eruptions. *Journal of Geophysical Research: Atmospheres* 110. https://doi.org/10.1029/2004JD005487

Oreskes, N., 2019. *Why Trust Science?* Princeton University Press.

Parker, A., Irvine, P. J., 2018. The risk of termination shock from solar geoengineering. *Earth's Future* 6, S. 456–467.

Parson, E. A., 2003. Protecting the ozone layer: science and strategy. Oxford University Press.

Parson, E. A., Ernst, L. N., 2013. International governance of climate engineering. *Theoretical Inquiries in Law* 14, S. 307–338. https://doi.org/10.1515/til-2013-015

Parson, E. A., Keith, D. W., 2013. End the deadlock on governance of geoengineering research. *Science* 339, S. 1278–1279.

Pásztor, J., Scharf, C., Schmidt, K.-U., 2017. How to govern geoengineering? *Science* 357, S. 231–231. https://doi.org/10.1126/science.aan6794

Penna, A. N., Rivers, J. S., 2013. *Natural Disasters in a Global Environment.* John Wiley & Sons.

Peper, E., 2020. *Veil.* Unmapped Press.

Pierrehumbert, R. T., 2019 a. There is no Plan B for dealing with the climate crisis. *Bulletin of the Atomic Scientists* 75, S. 215–221. https://www.tandfonline.com/doi/full/10.1080/00963402.2019.1654255

Pierrehumbert, R. T., 2019 b. Solar Geoengineering Research Seminar, 24. April 2019.

Pierrehumbert, R. T., 2017. The trouble with geoengineers »hacking the planet«. *Bulletin of the Atomic Scientists.* https://thebulletin.org/2017/06/the-trouble-with-geoengineers-hacking-the-planet/

Pierrehumbert, R. T., 2015. Climate hacking is barking mad. *Slate Magazine.*

Pigou, A. C., 1920. *The Economics of Welfare*. Palgrave Macmillan.

Pinto, I., Jack, C., Lennard, C., Tilmes, S., Odoulami, R. C., 2020. Africa's climate response to solar radiation management with stratospheric aerosol. *Geophysical Research Letters* 47, e2019GL086047. https://agupubs.onlinelibrary.wiley.com/doi/10.1029/2019GL086047

Podsakoff, P. M., MacKenzie, S. B., Lee, J.-Y., Podsakoff, N. P., 2003. Common method biases in behavioral research: A critical review of the literature and recommended remedies. *Journal of Applied Psychology* 88, S. 879.

Pongratz, J., Lobell, D. B., Cao, L., Caldeira, K., 2012. Crop yields in a geoengineered climate. *Nature Climate Change* 2, S. 101–105. https://www.nature.com/articles/nclimate1373

Popular Science, 1943. Why Planes Make Vapor Trails. Bonnier Corporation.

Poundstone, W., 1993. *Prisoner's Dilemma.* Anchor Books.

Proctor, J., Hsiang, S., Burney, J., Burke, M., Schlenker, W., 2018. Estimating global agricultural effects of geoengineering using volcanic eruptions. *Nature* 560, S. 480–483. https://www.nature.com/articles/s41586-018-0417-3

Rahman, A. A., Artaxo, P., Asrat, A., Parker, A., 2018. Developing countries must lead on solar geoengineering research. *Nature* 556, S. 22–24. https://www.nature.com/articles/d41586-018-03917-8

Revelle, R., Broecker, W., Craig, H., Keeling, C. D., Smagorinsky, J., 1965. Atmospheric carbon dioxide, in *Restoring the Quality of Our Environment.* The White House, Washington, D. C.

Reynolds, J., 2015. A critical examination of the climate engineering moral hazard and risk compensation concern. *The Anthropocene Review* 2, S. 174–191. https://doi.org/10.1177/2053019614554304

Reynolds, J. L., 2019 a. The Governance of Solar Geoengineering: Managing Climate Change in the Anthropocene. Cambridge University Press, Cambridge, U. K.

Reynolds, J. L., 2019 b. Uncovering the origins of false claims in the solar geoengineering discourse. https://geoengineering.environment.harvard.edu/blog/uncovering-origins-false-claims-solar-geoengineering-discourse

Reynolds, J. L., Parker, A., Irvine, P., 2016. Five solar geoengineering tropes that have outstayed their welcome. *Earth's Future* 4, S. 562–568.

Reynolds, J. L., Wagner, G., 2019. Highly decentralized solar geoengineering. *Environmental Politics* S. 1–17. https://www.tandfonline.com/doi/full/10.1080/09644016.2019.1648169

Ricke, K. 2019. Solar geo reduces atmospheric CO_2 bc it increases uptake of CO_2 by land *and ocean*. Twitter.
https://twitter.com/katericke/status/1162076300841902086

Ricke, K., Drouet, L., Caldeira, K., Tavoni, M., 2018. Country-level social cost of carbon. *Nature Climate Change* 1. http://www.nature.com/articles/s41558-018-0282-y

Ridley, M., 2015. Fossil fuels will save the world (really). *Wall Street Journal.*

Robinson, K. S., Paul Bär (Übersetzer) 2021. *Das Ministerium für die Zukunft. Roman.* Heyne.

Robock, A., 2020. Benefits and risks of stratospheric solar radiation management for climate intervention (geoengineering). *The Bridge* 50, S. 59–67.

Robock, A., 2015. The CIA asked me about controlling the climate – this is why we should worry. *Guardian.*

Robock, A., 2008. 20 reasons why geoengineering may be a bad idea. *Bulletin of the Atomic Scientists* 64, S. 14–18. https://www.tandfonline.com/doi/abs/10.1080/00963402.2008.11461140

Robock, A., 2000. Volcanic eruptions and climate. *Reviews of Geophysics* 38, S. 191–219. https://agupubs.onlinelibrary.wiley.com/doi/abs/10.1029/1998RG000054

Robock, A., Oman, L., Stenchikov, G. L., 2008. Regional climate responses to geoengineering with tropical and Arctic SO2 injections. *Journal of Geophysical Research: Atmospheres* 113.

Rogelj, J., Meinshausen, M., Knutti, R., 2012. Global warming under old and new scenarios using IPCC climate sensitivity range estimates. Nature Climate Change 2, S. 248–253. https://www.nature.com/articles/nclimate1385

Roth, A. E., 1993. The early history of experimental economics. *Journal of the History of Economic Thought* 15, S. 184–209. https://www.cambridge.org/core/journals/journal-of-the-history-of-economic-thought/article/abs/early-history-of-experimental-economics/D8A98BAEFA8277DF631B13248463146B

Sandler, T., 2018. Collective action and geoengineering. *Review of International Organizations* 13, S. 105–125.

Schelling, T. C., 1996. The economic diplomacy of geoengineering. *Climatic Change* 33, S. 303–307.

Selten, R., 1965. Spieltheoretische Behandlung eines Oligopolmodells mit Nachfrageträgheit: Teil i: Bestimmung des dynamischen Preisgleichgewichts. Zeitschrift für die gesamte Staatswissenschaft, S. 301–324.

Shabecoff, P., 1988. Global warming has begun, expert tells senate. *New York Times.*

Shearer, C., West, M., Caldeira, K., Davis, S. J., 2016. Quantifying expert consensus against the existence of a secret, large-scale atmospheric spraying program. Environmental Research Letters 11, 084011. https://iopscience.iop.org/article/10.1088/1748-9326/11/8/084011

Shepherd, M., 2018. There is no NASA »cloud machine« – here's the real explanation of that viral video. *Forbes.*

Sherwood, S., Webb, M. J., Annan, J. D., Armour, K. C., Forster, P. M., Hargreaves, J. C., Hegerl, G., Klein, S. A., Marvel, K. D., Rohling, E. J., Watanabe, M., Andrews, T., Braconnot, P., Bretherton, C. S., Foster, G. L., Hausfather, Z., von der Heydt, A. S., Knutti, R., Mauritsen, T., Norris, J. R., Proistosescu, C., Rugenstein, M., Schmidt, G. A., Tokarska, K. B., Zelinka, M. D., 2020. An assessment of Earth's climate sensitivity using multiple lines of evidence. *Reviews of Geophysics* 58, e2019RG000678. https://agupubs.onlinelibrary.wiley.com/doi/10.1029/2019RG000678

Shkolnik, A., Taylor, C. R., Finch, V., Borut, A., 1980. Why do Bedouins wear black robes in hot deserts? *Nature* 283, S. 373–375. https://www.nature.com/articles/283373a0

Smith, W., 2020. The cost of stratospheric aerosol injection through 2100 *Environmental Research Letters.* https://iopscience.iop.org/article/10.1088/1748-9326/aba7e7

Smith, W., Wagner, G., 2018. Stratospheric aerosol injection tactics and costs in the first 15 years of deployment. *Environmental Research Letters* 13, 124001. https://iopscience.iop.org/article/10.1088/1748-9326/aae98d

Starbuck, A., 1878. History of the American Whale Fishery from its Earliest Inception to the Year 1876. The author, Waltham, Massachusetts.

Stockholm International Peace Research Institute, 2018. SIPRI Military Expenditure Database. https://www.sipri.org/databases/milex

Storelvmo, T., Kristjansson, J. E., Muri, H., Pfeffer, M., Barahona, D., Nenes, A., 2013. Cirrus cloud seeding has potential to cool climate. *Geophysical Research Letters* 40, S. 178–182. https://doi.org/10.1029/2012GL054201

Stott, P. A., Allen, M., Christidis, N., Dole, R. M., Hoerling, M., Huntingford, C., Pall, P., Perlwitz, J., Stone, D., 2013. Attribution of weather and climate-related events, in Asrar, G. R., Hurrell, J. W. (Hrsg.), *Climate Science for Serving Society*. Springer, S. 307–337.

Stott, P. A., Stone, D. A., Allen, M. R., 2004. Human contribution to the European heatwave of 2003. *Nature* 432, S. 610–614. https://www.nature.com/articles/nature03089

Szerszynski, B., Kearnes, M., Macnaghten, P., Owen, R., Stilgoe, J., 2013. Why solar radiation management geoengineering and democracy won't mix. *Environment and Planning* A 45, S. 2809–2816.

Teller, E., 1968. *The Constructive Uses of Nuclear Explosives.* McGraw-Hill, New York, N. Y.

Teller, E., Caldeira, K., Canavan, G., Govindasamy, B., Grossman, A., Hyde, R., Ishikawa, M., Ledebuhr, A., Leith, C., Molenkamp, C., 1999. Long-range weather prediction and prevention of climate catastrophes: A status report (Status Report

No. UCRL-JC-135414). Lawrence Livermore National Laboratory, Livermore, California.

Teller, E., Hyde, R., Wood, L., 2002. Active climate stabilization: Practical physics-based approaches to prevention of climate change (No. UCRL-JC-148012). Lawrence Livermore National Laboratory, Livermore, California.

Teller, E., Wood, L., Hyde, R., 1997. Global warming and ice ages: I. Prospects for physics-based modulation of global change, in *The Carbon Dioxide Dilemma*. Lawrence Livermore National Laboratory, Livermore, California, S. 22.

Temple, J., 2019. The U. S. government has approved funds for geoengineering research. *MIT Technology Review.*

Thomson, J. J., 1985. The trolley problem. *Yale Law Journal* 94, S. 1395–1415.

Tilmes, S., Richter, J. H., Kravitz, B., MacMartin, D. G., Mills, M. J., Simpson, I. R., Glanville, A. S., Fasullo, J. T., Phillips, A. S., Lamarque, J.-F., Tribbia, J., Edwards, J., Mickelson, S., Ghosh, S., 2018. CESM1(WACCM) Stratospheric aerosol geoengineering large ensemble project. *Bulletin of the American Meteorological Society* 99, S. 2361–2371. https://journals.ametsoc.org/view/journals/bams/99/11/bams-d-17-0267.1.xml

Tingley, D., Wagner, G., 2017. Solar geoengineering and the chemtrails conspiracy on social media. *Palgrave Communications* 3, 12. http://www.nature.com/articles/s41599-017-0014-3

Trenberth, K. E., Dai, A., 2007. Effects of Mount Pinatubo volcanic eruption on the hydrological cycle as an analog of geoengineering. *Geophysical Research Letters* 34.

Trenberth, K. E., Fasullo, J. T., Shepherd, T. G., 2015. Attribution of climate extreme events. *Nature Climate Change* 5, S. 725–730. https://www.nature.com/articles/nclimate2657

U. K. Royal Society, 2009. Geoengineering the Climate: Science, Governance and Uncertainty. Royal Society, London, U. K.

Urpelainen, J., 2012. Geoengineering and global warming: A strategic perspective. *International Environmental Agreements: Politics, Law and Economics* 12, S. 375–389. https://link.springer.com/article/10.1007/s10784-012-9167-0

U. S. Global Change Research Program, 2019.

FY2017–2019 USGCRP Budget Crosscut. https://www.globalchange.gov/about/budget

Victor, D. G., 2008. On the regulation of geoengineering. *Oxford Review of Economic Policy* 24, S. 322–336. https://academic.oup.com/oxrep/article-abstract/24/2/322/422777?redirectedFrom=fulltext

Visioni, D., MacMartin, D. G., Kravitz, B., 2021. Is turning down the sun a good proxy for stratospheric sulfate geoengineering? *Journal of Geophysical Research: Atmospheres* k/A, e2020JD033952. https://agupubs.onlinelibrary.wiley.com/doi/10.1029/2020JD033952

Wagner, G., 2020 a. A guide to spending Bezos's new climate war chest. *Bloomberg Green.*

Wagner, G., 2020 b. China's carbon neutrality goal is good policy and good politics. *Bloomberg Green* Risky Climate column.

Wagner, G., 2020 c. Pausing the world to fight coronavirus has carbon emissions down – but true climate success looks like more action, not less. *TIME*.

Wagner, G., 2020 d. Compound growth could kill us – or make us stronger. *Project Syndicate.*

Wagner, G., 2020 e. The leadership failure that will cost us everything. *Project Syndicate.*

Wagner, G., 2020 f. Carbon taxes alone aren't good climate policy. *Bloomberg Green.*

Wagner, G., 2020 g. The true price of carbon. *Project Syndicate.*

Wagner, G., 2018. Chemtrails aren't the geoengineering debate we should be having (because they aren't real). *Earther.* https://earther.gizmodo.com/chemtrails-are-not-the-geoengineering-debate-we-should-1825171856

Wagner, G., 2012. Naomi Klein is half right: Distorted markets are the real problem. *Grist.*

Wagner, G., 2011 a. But Will the Planet Notice?: How Smart Economics Can Save the World. Hill & Wang/Farrar Strauss & Giroux.

Wagner, G., 2011 b. Going green but getting nowhere. *New York Times.*

Wagner, G., Kåberger, T., Olai, S., Oppenheimer, M., Rittenhouse, K., Sterner, T., 2015. Energy policy: Push renewables to spur carbon pricing. *Nature News* 525, S. 27. https://www.nature.com/articles/525027a

Wagner, G., Merk, C., 2019. Moral hazard and solar geoengineering, in Robert N. Stavins, Robert C. Stowe (Hrsg.), *Governance of the Deployment of Solar Geoengineering. Harvard Project on Climate Agreements.* Cambridge, MA, S. 135–139.

Wagner, G., Merk, C., 2018. The hazard of environmental morality. *Foreign Policy.*

Wagner, G., Samaras, C., 2019. Do we really have only 12 years to avoid climate disaster? *New York Times.*

Wagner, G., Weitzman, M. L., 2018. A big-sky plan to cool the planet. *Wall Street Journal.*

Wagner, G., Weitzman, M. L., 2016. Klimaschock: Die extremen wirtschaftlichen Konsequenzen des Klimawandels. Ueberreuter.

Wagner, G., Weitzman, M. L., 2012. Playing God. *Foreign Policy.*

Wagner, G., Zizzamia, D., 2021. Green moral hazards. Ethics, Policy and Environment. https://www.tandfonline.com/doi/full/10.1080/21550085.2021.1940449

Wagner, G., Zizzamia, D., 2020. Green moral hazards. C2G. https://www.c2 g2.net/green-moral-hazards/

Watts, J., 2018. We have 12 years to limit climate change catastrophe, warns UN. *Guardian.*

Weaver, R. K., 1986. The politics of blame avoidance. Journal of Public Policy 6, S. 371–398.

Weitzman, M. L., 2015. A voting architecture for the governance of free-driver externalities, with application to geoengineering. *Scandinavian Journal of Economics* 117, S. 1049–1068. https://onlinelibrary.wiley.com/doi/10.1111/sjoe.12120

Weitzman, M. L., 1974. Prices vs. quantities. *Review of Economic Studies* 41, S. 477–491.

Wood, G. D., 2014. The volcano that changed the course of history. *Slate Magazine.*

World Health Organization, 2020. Air pollution. https://www.who.int/westernpacific/health-topics/air-pollution

Xu, C., Kohler, T. A., Lenton, T. M., Svenning, J.-C., Scheffer, M., 2020. Future of the human climate niche. *Proceedings of the National Academy of Sciences.*

Yago, G., 1984. The Decline of Transit: Urban Transportation in German and U. S. Cities, 1900–1970. Cambridge University Press.

Yang, J., Peltier, W. R., Hu, Y., 2012. The initiation of modern soft and hard Snowball Earth climates in CCSM4. *Climate of the Past* 8, S. 907–918. https://cp.copernicus.org/articles/8/907/2012/

Yaroshevsky, A. A., 2006. Abundances of chemical elements in the Earth's crust. *Geochemistry International* 44, S. 48–55. https://link.springer.com/article/10.1134/S001670290601006X

Zeckhauser, R. J., 2006. Investing in the unknown and unknowable. *Capitalism and Society* 1/2.

Zeckhauser, R. J., Wagner, G., 2019. The implications of uncertainty and ignorance for solar geoengineering, in Stavins, R. N., Stowe, R. C. (Hrsg.), *Governance of the Deployment of Solar Geoengineering. Cambridge*, MA, S. 107–111.

Zerefos, C. S., Gerogiannis, V. T., Balis, D., Zerefos, S. C., Kazantzidis, A., 2007. Atmospheric effects of volcanic eruptions as seen by famous artists and depicted in their paintings. *Atmospheric Chemistry and Physics* 7, S. 4027–4042.

Index

N

O

P

T

U

V

W

Z

Über den Autor

© Rose Lincoln

Gernot Wagner ist Klimaökonom an der Columbia Business School. Seine Forschungen, Schriften und Lehrtätigkeiten konzentrieren sich auf Klimarisiken und Klimapolitik.

Er schreibt eine monatliche Kolumne für Project Syndicate und publiziert regelmäßig in Zeitungen wie der New York Times, dem Wall Street Journal, der Washington Post und The Atlantic. Vor diesem Buch hat er drei weitere verfasst: *Stadt, Land, Klima* (2021); das preisgekrönte *Klimaschock* (2016; Top 15 Financial Times McKinsey Business Book of the Year 2015 und Österreichs Naturwissenschaftliches Buch des Jahres 2017); sowie *But will the planet notice?* (2011).

Bevor er als Senior Lecturer an die Columbia University kam, lehrte er an der NYU, Harvard und der Columbia University. Er war Gründungsdirektor des Harvard Solar Geoengineering Research Program (2016–2019) und arbeitete als Ökonom beim Environmental Defense Fund (2008–2016), zuletzt als leitender Ökonom (2014–2016) und Mitglied des Leadership Council (2015–2016). Er war Mitglied des Council on Foreign Relations, ist Senior Fellow am Jain Family Institute und gehört dem Vorstand von CarbonPlan.org an.

Geboren und aufgewachsen in Amstetten, Österreich, lebt Gernot Wagner mit seiner Familie heute in New York.

Für mehr: gwagner.com